Günter Deweß

Happy End 2 für Zauberlehrlinge

Günter Deweß

HAPPY END 2 FÜR ZAUBERLEHRLINGE

Weitere dreißig sofort vorführbare Zauberkunststücke,die logisch begründet von selbst gelingen

Bibliografische Information der Deutschen Nationalbibliothek:
Die Deutsche Nationalbibliothek verzeichnet diese Publikation in der Deutschen
Nationalbibliografie, detaillierte bibliografische Daten sind im Internet über
dnb.dnb.de abrufbar.

Die automatisierte Analyse des Werkes, um daraus Informationen insbesondere
über Muster, Trends und Korrelationen gemäß §44b UrhG („Text und Data Mining")
zu gewinnen, ist untersagt.

Herstellung und Verlag: BoD - Books on Demand, Norderstedt

ISBN: 978-3-7597-0365-1

Vorwort

Auszug aus dem Vorwort zu „Happy End für Zauberlehrlinge" 2021:

Beim Zusammenstellen unterhaltsamer Zauberkunststücke für das vorliegende Buch wurden an diese drei Anforderungen gestellt:

Sie erfordern keine mühsam antrainierte besondere Fingerfertigkeit.

Sie erfordern keine speziell konstruierten Zauberapparate.

Sie erfordern keine übernormalen Gedächtnis- und Kopfrechenleistungen.

Damit sind sie für alle zugänglich, die gelegentlich im kleinen Kreis zum Ausgestalten einer anregenden und heiteren Stimmung beitragen wollen. Die Tricks funktionieren zum Kindergeburtstag, an einem Abend unter Freunden, zur Abschlussparty einer Klassenfahrt, beim Umtrunk im Arbeitsteam wie bei der Zusammenkunft der gesamten Familie zum Gartenfest oder im Advent.

Diese Tricks wurden danach ausgewählt, dass sie "von allein" funktionieren. Wer sie vorführt, braucht sie - im Extremfall - nicht einmal selbst zu verstehen. Das liegt daran, dass sie allein auf mathematischen und logischen Grundlagen beruhen, an denen Vorführende und Zuschauende nichts ändern können.

Aber: Ein funktionierendes Trickprinzip ist höchstens für die Hälfte des Erfolges zuständig. Ebenso wichtig ist eine durchdachte und gefällige Präsentation, auch dazu gibt das Buch Hinweise - betrachten Sie diese als Anregungen für weitere Phantasie bei Wortwahl und einkleidenden Geschichten. Die Hinweise beziehen sich insbesondere auch auf Ideen zum Einbeziehen von Gästen in die Vorführung, denn der Erfolg wächst, wenn das Publikum selbst mittut.

Bei der Darstellung jedes Tricks wird danach gegliedert, *was* bei der Vorführung zu sehen ist und *welches Geheimnis* der Vorführende kennen muss, damit das zu sehen ist. Als weiteren Punkt, man kann ihn zunächst auslassen, gibt es die Erklärung, *warum* alles funktioniert. Für Leute, die es wirklich wissen wollen, drücke ich mich auch in den komplizierteren Fällen nie um eine Erklärung. Es ist doch gerade besonders toll, wenn ein Trick zwar sehr leicht vorführbar ist, aber allerhand Tücken in seiner Begründung stecken.

Aber beachten Sie: In diesem Buch steht das Zauberische im Vordergrund, eine Anleitung für mathematische Arbeitsgemeinschaften zum Analysieren von Anwendungsmöglichkeiten der Wissenschaft in der Unterhaltungskunst würde anders zu schreiben sein. Wobei nichts dagegen spricht, dass ein Mathelehrer einen der Tricks in die Auflockerung seines Unterrichts einbezieht; ich würde z.B. beim Üben der Teilbarkeitsregeln die Geschichte von der Zugverspätung einbauen.

… Aber das ist nicht nur ein Kinderbuch. Einige der Tricks hatten international berühmte Profis im Programm, die mit den kleinen Geheimnissen große Wirkung erreichten - durch gekonnte Darbietung.

… Zaubertricks werden häufig über Jahrhunderte überliefert, so dass die Quellen oft nicht mehr genannt werden können. Für die mit mathematischen Beziehungen hat der für die Unterhaltungsmathematik äußerst verdienstvolle Martin Gardner 1955 einen Überblick begonnen (deutsch 2016 „Das verschwundene Kaninchen"), ein Dutzend Bücher ist seitdem erschienen, weiteres versteckt sich in populären Mathematikbüchern oder Unterhaltungsbeilagen von Zeitungen. Ich habe vieles irgendwo gefunden, ohne zur Originalquelle vorstoßen zu können, aber gebe es stets in eigener Darstellung und oft wesentlich ergänzt weiter.

Als Enzyklopädie der unterhaltsamen Zauberei überhaupt empfehle ich bis heute das „Handbuch der Magie" von Jochen Zmeck 1978. Dort spricht ein Praktiker, der außer zahlreichen Tricks auch viele wertvolle Hinweise zur Präsentation gibt.

… Mir sind Zauberleute weiblicher, männlicher oder beliebig anderer Orientierung gleichermaßen lieb. Deshalb wirken in dem Buch ausgewogen mal eine Zauberin und mal ein Zauberer, andere sind auch gemeint. Das Gleiche gilt für einbezogene Personen aus dem Publikum. Man verstehe das bitte ohne Gendersymbole an jeder Stelle. Zauberkunst ist auch Poesie, es agieren konkrete Persönlichkeiten und nicht gleichberechtigt belegbare Variable, mit denen Goethes Gedicht vom Zauberlehrling in der Form „Hat der/die alte Hexenmeister*in ..." vorzutragen wäre.

Zu „Happy End 2 für Zauberlehrlinge" 2024:

Dieses Buch schließt mit 30 *weiteren* Tricks 31, …, 60 nahtlos an das von 2021 an, ist aber *völlig unabhängig* von den dortigen Tricks 1, …, 30 verwendbar. Die alte Konzeption und der vorgesehene Nutzerkreis in allen Altersgruppen wurden beibehalten, es bleibt bei Anregungen für Amateure.

Es hat sich bestätigt, dass schon interessierte Zehnjährige diese Tricks sehr gut vorführen und in den meisten Fällen auch verstehen können. Jedoch: Junge Schüler brauchen Unterstützung für das „Herausholen" von Tricks aus dem Buch, ihnen fehlen oft Erfahrung und zuweilen auch Geduld für den Weg vom ersten Lesen bis zur wirklichen Aneignung der Idee. Aber wenn sie diesen Weg gemeinsam mit Opa oder Tante oder Vater gehen können, das gibt schöne Momente für beide!

Liebe Hexenmeisterinnen und Hexenmeister: Wenn Sie mit fünf Tricks im vertrauten Kreis zu einer lockeren und interessanten Stimmung beitragen, ist das eine Freude für alle und ein aufregender Erfolg für Sie. Aber schon das Kennenlernen der Tricks beim Lesen, Vorbereiten und zwei-dreimaligen Ausprobieren erweitert Ihren Horizont und stimmt darauf ein, sich bei aller Bescheidenheit auch mal als Solist fühlen zu können, wenn Sie es wollen. Nur wer etwas Mut für einen Anfang aufbringt, kann ein Happy End erreichen.

Leipzig, Juli 2024

Günter Deweß

Inhalt

1832, Johann Wolfgang von Goethe, „Faust II“,
Zauberspruch einer alten Hexe aus der Szene „In der Hexenküche“

Du musst versteh'n, aus Eins mach Zehn.
Die Zwei lass geh'n.
Die Drei mach gleich,
So bist Du reich.
Verlier die Vier.
Aus Fünf und Sechs,
So spricht Die Hex',
Mach Sieben und Acht,
So ist's vollbracht.
Die Neun ist eins
Und Zehn ist keins.
Das ist das Hexeneinmaleins.

Als Faust diesen Vers hört, sagt er dazu „Mich dünkt, die Alte spricht im Fieber.“ Goethe hat nie eine Deutung dieses Zauberspruchs angegeben. Der Mathematiker Helmut Kracke (1900-1986) interpretierte den Vers als Anleitung zum Aufbau eines Magischen Quadrates mit Feldern 1, …, 9 aus Zahlen 0, 10, 2, 3, 4, 5, 6, 7, 8:

1	2	3
4	5	6
7	8	9

⟶

Bei einem „Magischen Quadrat“ müssen die Summen in jeder Zeile und jeder Spalte den gleichen Wert haben (im Beispiel ist das der Wert 15).

10	2	3
0	7	8
5	6	4

Hinweise zum Vers: Aus 1 mach 10. 2 und 3 übernimm – da bist Du reich, kennst den magischen Wert 15. Die 4 verlieren (es bleibt 0). (5, 6) mit (7, 8) vertauschen ergibt (7, 8) und (5, 6). So ist's vollbracht – der zu 15 fehlende Wert muss die (verlorene) 4 sein. Neun Felder bilden ein Quadrat, zehn Felder wären keins.

Übrigens ist seit 500 Jahren für Quadrate mit beliebiger ungerader Seitenlänge n ein sehr einfacher Algorithmus bekannt, mit dem man mühelos ein magisches Quadrat aus *aufeinanderfolgenden* 1, 2, …, n² aufschreiben kann.

31 ❁ 1 aus 21

Dieser seit langer Zeit bekannte Kartentrick verdient einen Ehrenplatz in unserer Sammlung als vermutlich einfachster und am sichersten automatisch laufender. Er wirkt, weil er trotzdem kaum durchschaut wird, kann auf Wunsch auch sofort wiederholt werden. „Gewusst wie" wird er von Groß und Klein vorgeführt (meist ohne „gewusst warum"). Ich beschreibe ihn zunächst wie üblich für offen gezeigte Spielkarten, später werden Varianten vorgeschlagen.

Vorführung

Die Zauberin wählt einen interessierten Mitspieler, nennen wir ihn Pedro. (Falls ein Skeptiker behauptet, der Trick sei abgesprochen, kann sie ihn anschließend mit dem Skeptiker als Mitspieler wiederholen.) Pedro bekommt bildoben 21 Karten vorgelegt, er darf eine davon als Geheimkarte auswählen (die Zauberin wendet sich ab) und einigen aus dem Publikum zeigen. Dann soll er die 21 Karten zu einem Stapel zusammenschieben, diesen mischen und der Zauberin übergeben. Während der gesamten Vorführung bleiben alle Karten bildoben. Pedro möge immer aufpassen (aber niemals sagen!), ob er seine Karte sieht.

Die Zauberin zählt die Karten einzeln in drei Stöße ab: Erste Karte, daneben die zweite, daneben die dritte, dann die vierte auf die erste, die fünfte auf die zweite usw. So entstehen drei Stöße von je sieben Karten. Danach soll Pedro als erste Aussage verkünden, in welchem Stoß seine Karte ist. Anschließend fasst die Zauberin die drei Stöße wieder zu einem Stapel zusammen.

Nun zählt die Zauberin die Karten wieder wie gehabt in drei Stöße ab. Danach soll Pedro als zweite Aussage verkünden, in welchem Stoß seine Karte jetzt ist. Anschließend fasst die Zauberin die drei Stöße wieder zu einem Stapel zusammen.

Nun zählt die Zauberin die Karten wieder wie gehabt in drei Stöße ab. Danach soll Pedro als dritte Aussage verkünden, in welchem Stoß seine Karte jetzt ist. Anschließend fasst die Zauberin die drei Stöße wieder zu einem Stapel zusammen.

Die Zauberin schaut Pedro für eine Weile aufmerksam an und sieht nun den Stapel konzentriert Karte für Karte durch. Schließlich nimmt die Zauberin bedächtig eine Karte aus dem Stapel heraus und behauptet: „Das ist Deine Karte". Die Zauberin zeigt Pedro und allen Zuschauern die Karte, die Behauptung stimmt. [Beifall.]

Geheimnis

Die Zauberin fasst nach jeder Aussage die drei Stöße so zusammen, dass der von Pedro bezeichnete in die Mitte kommt. Dann ist am Schluss die elfte Karte des Stapels die gesuchte. Die Zauberin zähle nicht erkennbar und blättere den Stapel bis zum Schluss durch!

Erklärung

Für die Erklärung stellen wir uns vor, dass die Zauberin nach der Wahl der Geheimkarte den Gesamtstapel nicht in drei Stöße zählt, sondern zeilenweise (wie die Platznummern) auf die Plätze des nebenstehend abgebildeten Schemas. Die Karten, die dabei in die zweite Spalte auf die Plätze 2, 5, 8, 11, 14, 17, 20 kommen, bilden bei der wirklichen Vorführung den zweiten *Stoß* (unten Karte von Platz 2, oben Karte von Platz 20), analog entsprechen den anderen Spalten die anderen Stöße.

1	2	3
4	5	6
7	8	9
10	11	12
13	14	15
16	17	18
19	20	21

Nach Pedros erster Aussage sind nur noch sieben Karten verdächtig, dass sie die Geheimkarte sind (im abgebildeten *Beispiel* die in der zweiten Spalte).

Beim nächsten Auslegen des Stapels kommen diese auf die Plätze 8, 9, 10, 11, 12, 13, 14. Aber *bei <u>allen</u> Beispielen* (auch wenn Pedro bei obiger Aussage die erste oder dritte Spalte genannt hat) *kommen die Karten aus der genannten Spalte auf diese Plätze* (die Zauberin legt die genannte Spalte ja stets als mittlere in den Stapel). Diese Überlegung, wohin die Karten der genannten Spalte beim nächsten Auslegen kommen, ist für das Verständnis des Tricks der Schlüssel.

1	2	3
4	5	6
7	8	9
10	11	12
13	14	15
16	17	18
19	20	21

Nach Pedros zweiter Aussage sind nur noch die Karten auf zwei bis drei Plätzen verdächtig, dass sie die Geheimkarte sind.

1	2	3
4	5	6
7	8	9
10	11	12
13	14	15
16	17	18
19	20	21

Beim nächsten Auslegen des Stapels kommen diese (je nachdem in welcher Spalte sie vorher lagen) auf die Plätze 10 oder 11, 10 oder 11 oder 12, 11 oder 12. Vereinfachend zusammengefasst: Die Geheimkarte kann jetzt nur noch eine von denen auf Platz 10 oder 11 oder 12 sein.

Diese Karten kamen somit beim Auslegen nach Pedros dritter Aussage in verschiedene Spalten und stets genau in deren Mitte. Nach der dritten Aussage weiß die Zauberin also, dass die Geheimkarte die mittlere Karte der genannten Spalte (~ des genannten Stoßes) ist. Es wäre aber unklug, würde die Zauberin jetzt nach dem genannten Stoß greifen und dessen mittlere Karte vorzeigen – damit verriete sie unnötig viel vom Geheimnis.

1	2	3
4	5	6
7	8	9
10	11	12
13	14	15
16	17	18
19	20	21

Die Zauberin fasst die Stöße ein weiteres Mal wie gehabt zusammen, dabei gerät die Geheimkarte genau in die Mitte des Gesamtstapels und kann nach dessen Durchblättern von dort entnommen werden.

Varianten

Die Zauberin sieht die Bildseiten nie: Dazu Gesamtstapel, Stöße und einzelne Karten, wenn sie auf dem Tisch liegen, rückenoben platzieren. Wenn sie aufgenommen sind, sie so halten, dass die Zauberin selbst nur die Rückseiten sieht – die Bildseiten zeigen zu Pedro und den Zuschauern. Die Zauberin kann beim Durchblättern am Schluss so tun, als sei der Rücken der Geheimkarte heiß…
Freilich wird bei dieser Vorführung deutlich, dass das Finden der Geheimkarte nicht durch Bilder merken, sondern allein durch Zählen erfolgt.
Bemerkung: Wenn bei dieser (oder auch der offenen) Vorführung Stöße in „umgekehrter Reihung" gebildet werden, kommen auch da Verdächtige auf die mittleren drei Plätze bzw. den mittleren Platz des Stoßes, alles klappt.

Andere Karten als Skatkarten: Teile anderer Kartensätze, z.B. Quartettkarten, Sammelserien aus Bonusaktionen (Fußballer, Schauspielerinnen, Dinosaurier…) eignen sich ebenso, falls sie mit einem Blick unterscheidbar sind. Noch unterhaltsamer wird es mit individuellen Karten, z.B. 21 Verwandte und Bekannte notfalls plus Haustier, Schulklasse, Urlaubsansichten. Die Wahl verrät Pedros Vorliebe.

Einige Hinweise zur Herstellung individueller Karten:
Man kann Dateien mit eigenen Motiven bereitstellen und online ausgedruckt als Kartenspiel in Profiqualität formatiert bestellen, Preis bei 20€ pro Spiel.
Es gibt Trägerpapier mit vorgestanzten Blankokarten, bedruckbar über PC und eigenen Drucker (9 Spielkarten pro DIN A4-Blatt, pro Blatt etwa 1,5 €).
Es gibt ohne Trägerpapier 33 Blankokarten mit Rückenmuster im Plaste-Etui für etwa 2 €, aber die sind schwer zu bedrucken. Tipp: Die Blankoseite sauber bemalen oder bekleben, eventuell mit Bildern auf selbstklebendem Etikettenpapier.

Mit anderer Kartenanzahl spielen: Es kann ja sein, dass die Familie weniger als 21, die Klasse mehr als 21 Personen umfasst.
Der beschriebene Trick kann bei sonst gleichem Ablauf mit 15 oder 27 Karten vorgeführt werden. Es geht auch mit 33 Karten (Skatblatt mit Skatregelkarte…), falls man einmal mehr auszählt. Stets ist am Ende die Geheimkarte die *mittlere* des Stapels. Die obige Erklärung gilt mit der entsprechenden Modifikation weiter.

1	2	3
4	5	6
7	8	9
10	11	12
13	14	15
16	17	18
19	20	21
22	23	24
25	26	27
28	29	30
31	32	33

→

1	2	3
4	5	6
7	8	9
10	11	12
13	14	15
16	17	18
19	20	21
22	23	24
25	26	27
28	29	30
31	32	33

→

1	2	3
4	5	6
7	8	9
10	11	12
13	14	15
16	17	18
19	20	21
22	23	24
25	26	27
28	29	30
31	32	33

→

1	2	3
4	5	6
7	8	9
10	11	12
13	14	15
16	17	18
19	20	21
22	23	24
25	26	27
28	29	30
31	32	33

→

1	2	3
4	5	6
7	8	9
10	11	12
13	14	15
16	17	18
19	20	21
22	23	24
25	26	27
28	29	30
31	32	33

32 ❇ High-Tech-Brille

Benötigt werden geeignete Spielkarten und eine solche Sonnenbrille, die als besondere Brille glaubhaft ist (hilfreich wäre z.B. ein etwas entfernt vom Publikum platziertes Kästchen – nicht nur billiges Etui – mit Auspolsterung, dem sie mit besonderer Sorgfalt entnommen wird). Ein kleines Tablett (notfalls flacher Teller) dient zur Absonderung von vier Karten von den übrigen des Stapels. Ich beziehe zur Erleichterung des Ablaufs einen kleinen Salzstreuer mit wenig Salz ein.

Vorführung

Der Zauberer bittet darum, dass sich eine Helferin für das Vorführen meldet (vorzugsweise ohne Brille), es meldet sich Tamina. Der Zauberer platziert sie ein Stück abseits vom übrigen Publikum, damit sie dessen Umgang mit Spielkarten nicht im Detail verfolgen kann. Umgekehrt soll auch das Publikum nicht die Tamina kontrollieren.

Dem Publikum wird ein Satz Skatkarten rückenoben locker auf den Tisch gestreut mit der Aufforderung, davon vier Karten etwas gesondert zu legen. Die übrigen Karten nimmt der Zauberer zusammengefasst zu einem Stapel an sich und wendet sich ab (er holt in der Zeit von seinem Ablagetisch, notfalls aus seiner abgestellten Zubehörtasche, einen Salzstreuer). Er bittet nun Vertreter des Publikums, sich gemeinsam die Bildseiten der Karten in Ruhe einzuprägen und dann die Karten rückenoben nebeneinander zu legen. Er macht einige magische Bewegungen über den vier Karten, streut aus dem Salzstreuer einige Körnchen auf diese und klopft mit einer Hand auf jede der vier Karten. Dann werden diese Karten durch Gäste an von diesen gewählte Stellen in den rückenoben gehaltenen Stapel der anderen Karten eingeschoben. Der Stapel wird einmal abgehoben und Tamina zum Festhalten übergeben. „Bitte festhalten, noch nicht ansehen."

Der Zauberer holt von seinem Ablagetisch ein kleines Tablett und eine Spezialbrille zu Tamina und gibt ihr die Brille zum Aufsetzen, wobei er ermahnt: „Bitte die Brille nicht fallen lassen. Es geht nun darum, die vier vom Publikum ausgewählten Karten zu finden. Du wirst sie an einer Besonderheit erkennen, falls Du durch die Brille *wortlos* (!) die Bildseiten des Stapels langsam betrachtest, sie verleiht Dir für einen Moment magische Kräfte – wenn Du eine der vier Karten findest, legst Du die bitte bildunten auf das Tablett." Tamina findet (mit etwas Erstaunen) die vier Karten. Der Zauberer nimmt ihr sofort den Reststapel und die Brille ab und bringt die Brille behutsam zum Ablagetisch zurück und verstaut sie.

Dann geht er gemeinsam mit Tamina zum Publikum und lässt sie das Tablett mit den vier Karten übergeben. Dann werden diese einzeln nacheinander von Vertretern des Publikums aufgenommen und umgedreht. Es sind tatsächlich genau die vorher gewählten Karten.

(Wünsche nach genauer Begutachtung der Brille lehnt der Zauberer mit Verweis auf laufende Patentierungsverfahren ab. Der Salzstreuer kann ohne Substanz zu entnehmen angesehen werden. Auf Wunsch auch der restliche Kartenstapel.)

Geheimnis

Der Zauberer nutzt das Herbeiholen des Salzstreuers, um den Reststapel der Skatkarten mit einem Stapel von 28 Blankokarten (leer mit dem gleichen Rückenmuster wie das Skatspiel) zu vertauschen. Somit erhält Tamina zum Heraussuchen die vier vom Publikum gezogenen Skatkarten zusammen mit 28 Blankokarten.

Beim Zurückbringen der Brille zum Ablagetisch vertauscht der Zauberer die Blankokarten wieder mit den dort anfangs abgelegten 28 Skatkarten.

Man kann „auf Nummer sicher" gehen und eine Tamina vorher einweihen und um Stillschweigen über ihr Erlebnis bitten – oder sogar als Assistentin des Zauberers vorstellen. Selbst wenn die Gäste das nur vermuten, bleibt für die ja unerklärlich, wie eine eingeweihte Assistentin die vier vom Publikum gezogenen Karten findet.
Aber selbst wenn eine nicht eingeweihte Tamina hinterher verrät, sie habe außer den vier gesuchten Bildern keine gesehen, ist das vielleicht verwirrend genug.

Renommierte Spielkartenhersteller bieten passende Trickkarten an. **Ausweg** für Zauberer, die keine solche, aber ein Bridge- oder Romméspiel (Skatspiel plus Karten mit Augenzahlen 2, 3, 4, 5, 6 und zwei Joker) besitzen: Sortieren Sie ein Skatspiel heraus und verwenden Sie die restlichen 22 Karten im Trick an Stelle der 28 Blankokarten. Tamina muss wissen, welche Karten zu einem Skatspiel gehören!
Oder Sie geben dem Publikum gar nur 16 „Bild"-karten ihres Skatspiels und nehmen die „Zahl"-karten als blanko.

Varianten mit einer einzelnen Blankokarte für andere Tricks

Wenn Sie zu Ihren Vorfür-Spielkarten einige Blanko-Karten mit gleichem Rückenmuster übrig haben, können Sie solchen Kartentricks, bei denen eine Spielkarte vorhergesagt oder wiedergefunden wird, eine besondere Note geben: Sie fertigen aus einer Blanko-Karte eine individuell gestaltete Spielkarte, die Sie anstelle einer normalen Karte ihres Spieles einsetzen oder auch zusätzlich in das Spiel geben. Diese Karte können Sie nach Vorführen des Tricks jemandem aus dem Publikum als Erinnerung schenken oder (mit Text gestaltet) als Gratulation übergeben.

Beispiele: In Trick Nr. 31 unseres Buches kann eine der 21 Karten eine mit einem Porträtfoto einer anwesenden Person und zugehörigem Text in sehr kleiner Schriftgröße sein. Der Trick wird in der Form „Die Zauberin sieht die Bildseiten nie" vorgeführt. Der mitwirkende Pedro wählt keine Karte, sondern wird aufgefordert, beim Vorzählen der Karten auf das Auftreten einer ihn speziell interessierenden Karte zu achten. Die Zauberin findet diese. So erfährt Pedro eine Botschaft.

Im Trick 2 des Vorgängerbuches wird auf recht rätselhafte Weise ein „Herzkönig für Eva" gefunden. Das kann eine gezielt für die spezielle Eva angefertigte Überraschungskarte sein oder eine wiederholt als Cocktail-Gutschein verwendbare.

33 ❀ Geschenke verteilen

Vermutlich haben auch Sie einmal einen Kreis von Kindern gesehen, in dem mit einem Kind beginnend abgezählt wurde, z.B. „DIE KUH MACHT MUH UND RAUS BIST DU“. Das Kind, auf das die Silbe „DU“ fiel, war raus aus dem Kreis, mit dem nächsten beginnend wurde weiter abgezählt, bis nur noch eines übrig blieb.

Ungefähr so werden im Folgenden Geschenke verteilt, wobei hier aber die Beschenkten im Kreis bleiben und weiter mitgezählt werden (das Verfahren ist so gebaut, dass niemand mehr als ein Geschenk bekommt). Ich empfehle, dass der Zauberer nicht mit zum Kreis gehört, also sich selbst nicht mit abzählt.

Vorführung

Der Zauberer arbeitet mit einem (vorgefundenen oder gebildeten) „Kreis“ von n Personen mit $3 \leq n \leq 9$. Bei n = 5 ist der Zauber am kleinsten, der Zauberer zählt sich dann mit, leider ist bei n = 6 der zweitkleinste Zauber. Er kündigt an, in diesem Kreis k Geschenke zu verteilen, wobei er statt „k“ eine konkrete Anzahl mit $3 \leq k \leq n$ nennt. Er legt die annähernd gleichwertigen Geschenke bereit, nur das letzte ist erkennbar größer oder witziger.

Nun ordnet der Zauberer den Personen im Kreis bei einer mit der Silbe „KLEI“ beginnend im Uhrzeigersinn nacheinander die Silben des Abzählspruches

„KLEI – NE GE – SCHEN – KE ER – HAL – TEN DIE FREUND – SCHAFT“

zu, die Person auf die „SCHAFT“ fällt bekommt ein Geschenk. Bei der im Kreis *folgenden* Person wird *neu mit* „KLEI“ *begonnen*, so lange Geschenke übrig sind.

Die Gäste sind beeindruckt, dass das letzte Geschenk gerade ein zu ehrender Jubilar bzw. eine zu neckende Vorwitzige bekommt. Um die leise Bewunderung zu verstärken, ergänzt der Zauberer noch: „Wenn Sie einmal etwas selbst so verteilen wollen, sollten Sie auch darauf achten, dass niemand mehrmals etwas bekommt.“

Geheimnis

Die n Personenplätze denken wir uns irgendwo im Kreis beginnend im Uhrzeigersinn mit 1, …, n nummeriert, P markiere den Platz auf dem der Jubilar sitzt.

Rezept: Ermittle ein vorläufiges P* als Rest bei der Division von $(11 \cdot k)$ durch n, aber bei Rest 0 als P* = n. Falls von P* noch $x \geq 0$ Schritte auf dem Kreis bis zum P fehlen, muss der Zauberer bei Personenplatz A = $(x+1)$ mit dem Abzählen beginnen, damit auf P das k-te Geschenk kommt.

Beispiel: Kreis n = 8 Personen, k = 4 Geschenke, Jubilar auf Platz P = 6. $11 \cdot k = 44$.

(44 durch 8) = (5 Rest $\underline{\underline{4}}$), von P* = $\underline{\underline{4}}$ sind noch x = $\underline{2}$ Schritte bis P, abzählen ab $\underline{3}$. Dann kommt auf P das letzte der vier Geschenke. Die ersten drei kommen auf die Plätze 5, 8, 3.

Erklärung

Wir stellen uns vor, dass im Kreis über n hinaus zyklisch weiter gezählt wird mit „Zählzahlen" $(n+1)$, $(n+2)$, … Zur Zählzahl $(n+1)$ gehört wieder Personenplatz 1. *Den zu einer beliebigen Zählzahl z gehörenden Personenplatz erhält man als den Rest bei der Division von z durch n, aber bei Rest 0 als Personenplatz n.*

Wir veranschaulichen die Situation in einer Skizze (mit unseren Beispielwerten):

n = 8 Personen
k = 4 Geschenke
P = 6 soll letztes Geschenk bekommen

berechne erst P*, dann x, dann A

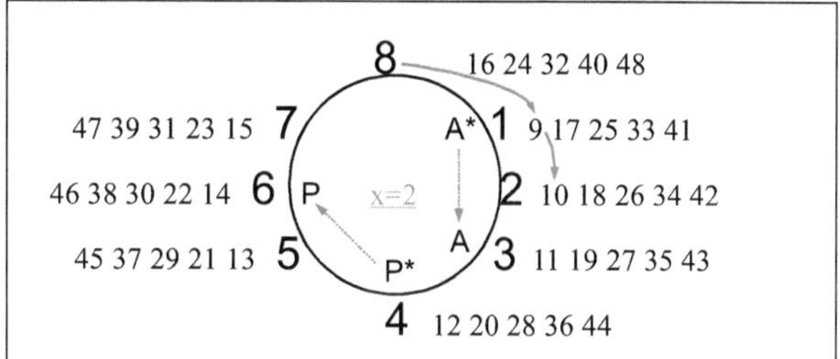

Der Zauberer muss zu den vorliegenden n und k denjenigen Personenplatz A ermitteln, auf dem er mit „KLEI" beginnend k mal bis „SCHAFT" abzählt, um P zu erreichen (jeweils 10 Schritte, da obiger Abzählspruch genau 11 Silben hat.)

Würde er bei A* = 1 beginnen, würde das k-te Geschenk bei der Zählzahl $(11 \cdot k)$ abgelegt, Personenplatz P* wie oben aus dem Rest bei Division $(11 \cdot k) : n$ abgeleitet. Fehlen nun von P* noch $x \geq 0$ Schritte bis P, muss der Zauberer anfangs von A* aus noch zusätzliche x Schritte bis zum endgültigen Anfangsplatz A denken, also bei 1+x mit dem Abzählen der Schritte beginnen. x zyklisch zählen, von $(n-1)$ bis 2 sind 3 Schritte.

Würde man einen Spruch mit einer anderen Silbenanzahl als 11 verwenden, würde man auch *mit dem letzten Geschenk* stets bei P ankommen, falls man im Rezept statt 11 die andere Silbenzahl verwendet. Aber Vorsicht: Bei einer Spruchlänge, die keine Primzahl ist, könnte jemand (eventuell auch P) mehrere Geschenke bekommen.

Wieso kann beim obigen Verfahren niemand mehrere Geschenke bekommen?

Angenommen, es würden das k_1-te und das k_2-te Geschenk zum gleichen Personenplatz P kommen bei $0 < |k_1 - k_2| < n$. Das k_1-te Geschenk wird bei Zählzahl $A - 1 + 11 \cdot k_1 = n \cdot c_1 + P$ übergeben mit einer ganzen Zahl c_1, das k_2-te Geschenk bei $A - 1 + 11 \cdot k_2 = n \cdot c_2 + P$ übergeben mit einer ganzen Zahl c_2.

Die Differenz dieser beiden Gleichungen besagt $11 \cdot (k_1 - k_2) = n \cdot (c_1 - c_2)$. 11 ist Primzahl und somit teilerfremd zu jedem natürlichen n < 11. Somit müsste n Teiler von $(k_1 - k_2)$ sein, was wegen $|k_1 - k_2| < n$ unmöglich ist.

Wenn wir unser Beispiel dadurch verändern, dass wir einen Abzählspruch mit 12 Silben verwenden, 12 ist nicht teilerfremd zu n=8, dann fällt bei jedem Startplatz A das dritte Geschenk an die Person mit dem ersten Geschenk.

Varianten

Wenn P das besondere k-te Geschenk aber insgesamt jeder genau eines von n Geschenken bekommen soll, wird A nach dem Rezept wie oben berechnet.

Sollen Beschenkte beim Zählen „raus" sein, folgt P* statt aus $11 \cdot k$ aus $\dfrac{23-k}{2} \cdot k$.

34 ❀ Konfuzius sagt | Großstädte

Benötigt werden sieben Briefumschläge ohne Klarsichtfenster, 24 beschriftete Karten (siehe nächste Seite) und eine nicht zu kleine Schale (notfalls ein Suppenteller).

Vorführung

Der Zauberer verteilt an 7 Gäste leere Briefumschläge (sind weniger anwesend, bekommen manche mehrere oder man reduziert auf 4-6). In diesem Gästekreis lässt er eine Schale mit beschrifteten Karten kursieren und erläutert das so:

„Seit mehr als 2½ Jahrtausenden gibt es Sprüche des chinesischen Philosophen Konfuzius, die so kraftvoll sind, dass sie durch verschlossene Umschläge wirken. Ich habe in diese Schale eine Auswahl von 24 Sprüchen gelegt und bitte darum, dass ihr nacheinander je einen Spruch aussucht, der euch persönlich besonders beeindruckt. Dann legt ihr die entsprechende Karte in den Umschlag und verschließt den ohne ihn zu verkleben."

Der Zauberer bildet einen Stapel der Umschläge und arbeitet diesen ab: Er hält den ersten an seine Stirn und zitiert: „Konfuzius sagt: Der Mann, der zwei Hasen jagt, fängt keinen." Der Zauberer entnimmt die Karte, nickt zustimmend und fragt, wer diesen Spruch gewählt hat - es meldet sich jemand. Die Karte kommt in die Schale zurück und der Umschlag neben die Schale.
So geht es nun fortlaufend weiter: Der Zauberer hält den nächsten Umschlag an seine Stirn und zitiert: „Konfuzius sagt: ...[nächster Spruch...]." Der Zauberer entnimmt die Karte, nickt zustimmend und fragt, wer diesen Spruch gewählt hat. Die Karte kommt in die Schale zurück und der Umschlag neben die Schale.
Nach Deklamieren der 7 Sprüche sind alle von diesen und dem Zauber beeindruckt.

Geheimnis, Erklärung und Variante

Beim Austeilen der Umschläge bekam ein geheimer Helfer einen mit einem „Basisspruch" (z.B. den mit den zwei Hasen) darin, er packte einen Spruch hinzu. Dieser Umschlag kommt als *unterster* in den Stapel, er wird zuletzt abgearbeitet.
Der Zauberer nimmt zuerst einen anderen Umschlag und zitiert den Basisspruch, der Helfer meldet sich als Urheber. Bei der „Kontrolle" prägt sich der Zauberer den tatsächlichen Spruch ein, diesen gibt er als Inhalt des zweiten Umschlags aus usw. Alle Karten mit Text nach unten ablegen, denn die Sprüche sind unterschiedlich lang! Die beiden aus dem letzten Umschlag möglichst *unter* einige andere ablegen.

Wenn man die Nutzung geheimer Helfer als zu primitiv ablehnt: Beim Bilden des Stapels selbst einen Basisumschlag als *untersten* hinzufügen! Freilich darf man dann beim *ersten* Umschlag nicht nach dem Urheber fragen.

Anstatt der Sprüche kann man z.B. Namen europäischer Großstädte verwenden, die (ohne Doppelung!) von Mitspielern auf leere Karten geschrieben wurden.

Vierundzwanzig Sprüche des Konfuzius für Trick 34

Der Mann, der einen Berg versetzt, beginnt damit, kleine Steine abzutragen.	Schlechte Gewohnheiten kann man nur heute überwinden, nicht morgen.	Der Mann, der eine Frage stellt, ist ein Narr für eine Minute; der Mann, der nicht fragt, ist ein Narr fürs Leben.	Wer alle Antworten kennt, hat nicht alle Fragen gestellt bekommen.
Lernen ohne Denken ist verlorene Arbeit; Denken ohne Lernen ist gefährlich.	Es spielt keine Rolle, wie langsam du gehst, solange du nicht anhältst.	Bevor du dich auf eine Reise der Rache begibst, grabe zwei Gräber.	Wir haben zwei Leben, und das zweite beginnt, wenn wir erkennen, dass wir nur eines haben.
Wenn du die klügste Person im Raum bist, dann bist du im falschen Raum.	Es ist besser, eine kleine Kerze anzuzünden, als die Dunkelheit zu verfluchen.	Wie kannst du mit jemandem umgehen, dem du nicht trauen kannst? Wenn der Wagen keine Achse hat, wie kann man ihn dann fahren?	Wir nehmen Ratschläge in Tropfen an, aber wir verteilen sie in Eimern.
Wenn das, was man zu sagen hat, nicht besser ist als Schweigen, dann sollte man schweigen.	Ein weiser Mann tut anderen nicht an, was er nicht will, dass es ihm angetan wird.	Der Mann, der zwei Hasen jagt, fängt keinen.	Wähle einen Beruf, den du liebst, und du wirst keinen einzigen Tag in deinem Leben schuften müssen.
Das Leben ist wirklich einfach, aber wir bestehen darauf, es kompliziert zu machen.	Denk an morgen, die Vergangenheit lässt sich nicht ändern.	Unser größter Ruhm besteht nicht darin, niemals zu fallen, sondern jedes Mal aufzustehen, wenn wir fallen.	Sage es mir und ich werde es vergessen, zeige es mir und ich werde mich vielleicht erinnern, beziehe mich ein und ich werde es verstehen.
Der Mann, der sagt, dass er es kann, und der Mann, der sagt, dass er es nicht kann, haben beide Recht.	Alles hat Schönheit, aber nicht jeder kann sie sehen.	Mach dir keine Sorgen, dass man dich nicht kennt. Kümmere dich darum, ob du es wert bist, dass man dich kennt.	Wenn sie dich hinter deinem Rücken anspucken, bedeutet das, dass du ihnen voraus bist.

35 ❊ Wie gut zwei zusammenpassen

Meine Lieblingsanwendung dieses Tricks ist es, die Chancen für ein harmonisches Miteinander zweier Menschen zu diskutieren. Das lässt sich (siehe „Varianten") auch für Hellseher-Auftritte oder für die Würdigung von Jubiläen abwandeln.
Auf der übernächsten Seite findet sich eine Vorlage, die nach Scannen mindestens auf DIN-A4 vergrößert zwei Mal ausgedruckt und ausgeschnitten werden sollte. Man könnte sie alternativ für eine Wandtafel oder ein Flipchart umdeuten.

Vorführung

Der Zauberer bittet zwei Personen aus dem Publikum, Tarzan und Jane, zu einem unverbindlichen Test, ob sie auf Dauer in ihrem Wesen gut harmonieren könnten. (Es kann ja nichts schaden nur mal so zu wissen, wie die Chancen wären, wenn die beiden wollen würden...)

Beiden wird die gleiche 4×4-Zahlentabelle vorgelegt. In dieser sollen sie, ohne sich abzusprechen - Hinweise dazu folgen noch - vier „unabhängige" Felder auswählen. *Zwei Felder heißen unabhängig, wenn sie weder in derselben Zeile noch in derselben Spalte der Tabelle stehen.* Der Zauberer gibt an, dass es bei einer 4×4-Tabelle 24 Möglichkeiten gibt, eine Kollektion von vier unabhängigen Feldern auszuwählen. Die Wahrscheinlichkeit, dass Tarzan und Jane zufällig dieselbe Kollektion auswählen, sei also nur $\frac{1}{24}$. Jane lässt Tarzan unbeobachtet wirken:

Zuerst wählt ☐ Tarzan eine Zahl aus und sperrt den Rest ihrer Zeile und den Rest ihrer Spalte mit einem „Abdeckwinkel" ⌐, siehe Abbildung. Dann wählt er aus den verbliebenen Zahlen entsprechend eine weitere, dann unter den dann noch verbliebenen eine weitere. Die vierte Zahl seiner Kollektion ergibt sich von selbst.

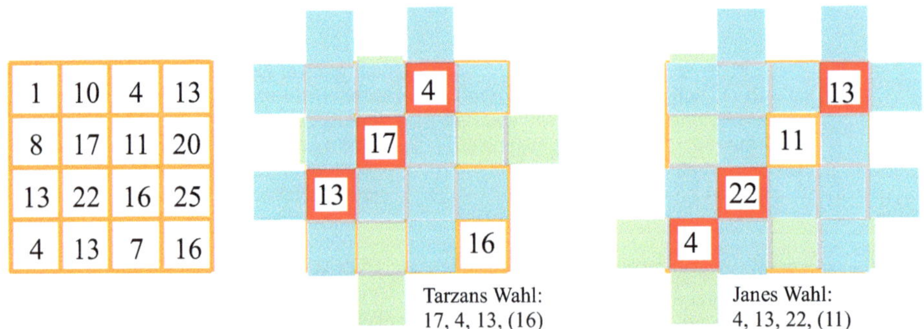

Tarzans Wahl:
17, 4, 13, (16)

Janes Wahl:
4, 13, 22, (11)

Tarzan soll nun die Summe seiner vier Zahlen bilden, aber noch nicht nennen.

Nun wählt analog Jane ihre Kollektion von vier Zahlen aus. Harmonieren beide? Tarzan nennt seine Summe: 50 . Janes Summe ist ... auch 50. Traumhaft!

Geheimnis

Die 4×4-Tabelle im Beispiel ist so aufgebaut, dass *jede* der 24 möglichen Kollektionen aus vier unabhängigen Feldern auf die Summe 50 führt.
Man kann für jede gewünschte Zahl mehrere derartige Tabellen aufbauen.

Erklärung

Aus der folgenden Beschreibung, wie unsere Beispieltabelle für die Summe 50 entstand, wird klar, wie man Tabellen für jede gewünschte Summe erhält.

	1	10	4	13
0	1	10	4	13
7	8	17	11	20
12	13	22	16	25
3	4	13	7	16

Der Zauberer wählte heimlich „Zeilenwerte" 0, 7, 12, 3 und „Spaltenwerte" 1, 10, 4, 13 mit der Eigenschaft, dass die Summe dieser acht Zahlen 50 ergibt. Er ordnete sie, in der Abbildung grün, den Zeilen bzw. Spalten der noch leeren Tabelle zu. Anschließend schrieb der Zauberer in jedes Feld der Tabelle die Summe seines Zeilenwertes und seines Spaltenwertes.

Wählt man in der Tabelle vier unabhängige Felder und bildet die Summe der in ihnen stehenden vier schwarzen Zahlen, so steckt in jeder schwarzen Zahl die Summe von zwei grünen Zahlen, insgesamt wird (wegen der Unabhängigkeit) stets die Summe der acht grünen Zahlen gebildet.

Damit das Bildungsschema an der Tabelle nicht zu leicht erkannt werden kann, empfehle ich:

Zeilenwerte sollten sich paarweise um mindestens 3 unterscheiden, Spaltenwerte untereinander auch. (Dagegen ist es unauffällig, wenn sich mancher Spaltenwert von einem Zeilenwert nicht oder nur wenig unterscheidet.)
Unter den Zeilenwerten sollten sowohl gerade wie auch ungerade Zahlen sein. Die Zeilenwerte sollten in ihrer Folge möglichst abwechselnd größer und kleiner werden. Bei Spaltenwerten analog.
Der Betrag der Differenz aufeinanderfolgender Zeilenwerte sollte relativ groß sein. Bei Spaltenwerten analog.

Varianten

Nachdem erst nur Tarzans Wahl ausgewertet wurde, kann der Zauberer Jane darauf hinweisen, dass sie nun dieselbe Summe ansteuern kann (oder: gerade nicht).
Bei der Feier der Goldenen Hochzeit von Tarzan und Jane gewinnt eine 50 zusätzliche Bedeutung als Jubiläumszahl, analog die Summe bei anderen Ereignissen.
Beim Spiel mit nur einer Person kann der Zauberer die sich ergebende Summe als „Vorhersage" platzieren und die Person zum Erreichen dieser Summe „behexen".
Der längeren Spannung wegen vielleicht mit einer 5×5-Tabelle.

Bei Kindern wählt A unabhängige Felder (aus jeder Zeile und Spalte eines), indem es jeweils alle Spielmarken im Feld (z.B. Halmakegel) an sich nimmt. Marken werden am Schluss in Schokoherzen umgetauscht. Ohne dass nachgefüllt wird (!), wählt dann B. C bekommt ohne Wahlchance den Rest, aber lacht auch... Zauberhafte Harmonie!

Vorlage

zum Trick 33 und
seinen Varianten

1	10	4	13
8	17	11	20
13	22	16	25
4	13	7	16

Die Abdeckwinkel sind ausreichend bis zu Tabellen mit 5×5 Feldern.

Bei 4×4 Feldern bzw. gar nur 3×3 können die längeren Seiten der Abdeckwinkel um je 1 bzw. um sogar je 2 Felder reduziert werden.

36 ❋ „Face Mystery" von Bob Hummer

Ich fand diesen Trick (ohne Erklärung) in „Das verschwundene Kaninchen" von Martin Gardner. Klassisch wird er mit 18 Karten vorgeführt, funktioniert aber mit jeder geraden Kartenanzahl ab vier. Aus Platzgründen wähle ich als Beispiel acht.

Vorführung

Der Zauberer kündigt an: „Wir wollen über ein schon vor achtzig Jahren beschriebenes Kunststück staunen, die Idee stammt vom berühmten amerikanischen Erfinder Bob Hummer [hamer]. Dazu müssen wir eine Prozedur mit Spielkarten besprechen, die ich ihm zu Ehren als ‚Hummer-Abheben' bezeichne.

Hummer-Abheben eines Spielkartenstapels: Die obersten zwei Karten werden gemeinsam hochgehoben, gemeinsam auf die andere Seite gedreht und wieder auf den Stapel gelegt. Anschließend wird in der üblichen Weise abgehoben [in oberen und unteren Teilstapel teilen und dann den unteren auf den oberen Teilstapel packen].

Ich zeige das an einem Beispiel in fünf Momentaufnahmen von links nach rechts, bei dem manche Karten bildoben und andere rückenoben im Stapel liegen. Wie hinten in die zwei Teilstapel geteilt wird, bestimmt der Abhebende."

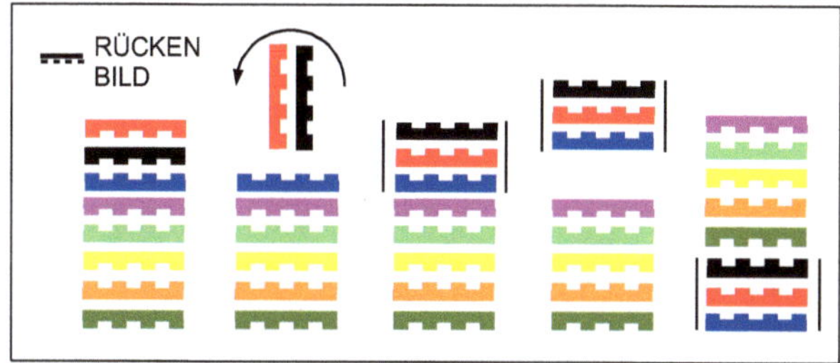

Auf dem Tisch liegt ein undurchsichtiges Tuch. Nun gewinnt der Zauberer jemanden aus dem Publikum zur Mitarbeit: Charlie. Der Zauberer übergibt Charlie einen Stapel aus acht Spielkarten, alle rückenoben. Der Stapel soll mindestens fünfmal, gern auch noch etwas öfter, *Hummer-abgehoben* werden, wodurch ein Teil der Karten bildoben zu liegen kommen wird. „Ich werde mich abwenden, ich sehe weder wie oft Du Hummer-abhebst noch an welchen Stellen Du dabei den Stapel jeweils in zwei Teilstapel teilst. Wenn Du fertig bist, legst Du den Stapel auf den Tisch unter das Tuch." So geschieht es.

Der Zauberer fasst unter das Tuch und prüft verdeckt Karte für Karte. Vielleicht kann er mit seinen magischen Fingern Vorder- und Rückseite der Karten unterscheiden? „Es liegen jetzt genau vier Karten bildoben". Tuch weg, richtig!

Der Zauberer ordnet den Stapel etwas um, gibt ihn Charlie und wendet sich ab. Wieder soll Charlie einige Male *Hummer-abheben*. Dann soll er die oberste Karte zur Kenntnis nehmen, *umgewendet* wieder auf den Stapel legen, den *normal* abheben und unter das Tuch legen. Der Zauberer formiert die Karten verdeckt zu einem Fächer und zeigt den. Nur die von Charlie gewählte Karte liegt bildoben.

Geheimnisse

Wir benötigen noch eine weitere Prozedur, aber die bleibt geheim: Das „Hummer-Aufräumen". Es besteht darin, genau die in einem Stapel mit gerader Platznummer liegenden Karten (also die zweite, vierte, …) umzudrehen.

Nach dem ersten Trickteil wird Hummer-aufgeräumt. Dann liegt stets die Hälfte der Spielkarten bildoben (wenn mit acht Karten gearbeitet wird, vier Karten).

Zur Vorbereitung der Fortsetzung wird der Stapel so sortiert, dass die Karten abwechselnd rückenoben und bildoben liegen. Wenn nach Charlies Aktionen dann Hummer-aufgeräumt wird, liegt die gewählte Karte umgekehrt orientiert als alle anderen – der Fächer kann *so* vorgezeigt werden, dass sie als einzige bildoben ist.

Erklärung

Ich führe folgende Bezeichnungen ein:
h halbe Anzahl der benutzten Karten (Die Anzahl der Karten muss gerade sein.)
$1, 2, 3, … , (2h)$ Plätze im Stapel, der oberste Platz ist der ‚Platz 1'
$u \mid g$ Index für die Lage auf einem ungeraden | geraden Platz
$r \mid b$ Anzahl der rückenoben | bildoben im Stapel liegenden Karten,
      es ist dann beispielsweise b_g die Anzahl der bildoben auf geraden Plätzen
w $:= b_u + r_g$ „Wunderzahl" in Abhängigkeit vom Zustand des Stapels

Wunderzahleigenschaft: *Wenn $w=h$ vor Hummer-Abheben gilt, so auch danach.*
Wir betrachten zunächst die Veränderung beim Bewegen der oberen zwei Karten. Dabei vertauschen letztlich die beiden Karten den Platz und jede für sich wird gewendet. Liegt vorher auf den beiden Plätzen $r \mid b$ vor, so hinterher auch, also w bleibt erhalten. Liegt vorher $b \mid r$ vor, so hinterher auch, w bleibt. Liegt vorher $r \mid r$ vor, so hinterher $b \mid b$, das b_u wächst um 1 wegen der Veränderung auf dem ersten Platz, das r_g fällt um 1 wegen der Veränderung auf dem zweiten Platz, w bleibt. Analog schließt man in dem Fall, wo aus vorher $b \mid b$ ein hinterher $r \mid r$ wird.
Nun betrachten wir die Veränderung beim anschließenden „normalen" Abheben. Haben beide Teilstapel gerade Kartenanzahl, so gehen alle Karten von gerade auf gerade bzw. von ungeraden auf ungerade Plätze über, für w ändert sich nichts.
Mehr Mühe macht der andere Fall, wo beide Teilstapel eine ungerade Anzahl von Karten umfassen. Die Karte auf dem bisher obersten Platz („Anführer") des unteren Teilstapels war auf einem geraden Platz, sie kommt auf den ungeraden Platz 1. Die Karte auf dem bisherigen (ungeraden) Platz 1 kommt hinter die unterste Karte des bisher unteren Teilstapels, also auf einen geraden Platz. Wie bei beiden „Anführern" <u>ändert</u> sich damit bei *allen* Karten ihr Platz-Zustand. Da vorher $b_u + r_g = h$ war, ist also <u>jetzt $b_g + r_u = h$</u>. Es gilt wie immer auch <u>jetzt $b_u + r_g + b_g + r_u$</u> $= 2h$. Somit muss das jetzige <u>w</u> $= $ <u>$b_u + r_g$</u> $= 2h - (b_g + r_u) = 2h - h = h$ sein.
Wenn man nicht voraussetzt, dass das alte $w = h$ war, würde man für das neue <u>w</u> nur <u>w</u> $= 2h - w$ ableiten können.

Im ersten Trickteil ist nach dem letzten Hummer-Abheben w = h. Beim Start des Tricks liegen ja alle Karten rückenoben im Stapel, also ist $b_u = 0$, $r_g = h$, $w = h$. Die eben bewiesene Wunderzahleigenschaft sichert dann, dass $w = h$ nach beliebig häufigem Hummer-Abheben gilt. Das ist ein schönes Beispiel für einen Beweis durch „Vollständige Induktion", w=h beim Trickstart ist der Induktionsanfang, die Wunderzahleigenschaft gibt den Induktionsschritt.

In jedem Stapel mit w=h kommt man durch Hummer-Aufräumen zu b=r=h. Denn durch das Umdrehen auf den geraden Plätzen werden dort aus r_g rückenoben liegenden Karten jetzt ebenso viele bildoben liegende (dagegen werden die dort bisher bildobenen Karten zu rückenobenen). Zusammen mit den auf ungeraden Plätzen bildoben liegenden b_u Karten sind das $r_g + b_u = w = h$ bildoben liegende Karten insgesamt. Die am Schluss rückenoben liegenden Karten sind die anderen h.

Für den nachfolgenden Trickteil wurde ein Stapel hergestellt, in dem Karten abwechselnd rückenoben und bildoben liegen. Beim Hummer-Abheben bleibt diese Eigenschaft ständig erhalten (man trenne die Betrachtung wieder in das Beobachten der Bewegung der obersten beiden Karten und die eines normalen Abhebens). Würde man auf einen solchen Stapel das Hummer-Aufräumen anwenden, erhielte man einen Stapel, in dem alle Karten einheitlich rückenoben oder einheitlich bildoben liegen.

Aber vor dem Aufräumen wird ja die von Charlie zur Kenntnis genommene Karte einmal zusätzlich verdreht. Das anschließende normale Abheben sorgt nur dafür, dass sie nicht die erste Karte bleibt (wodurch der Zauberer sie ja sofort auffinden könnte). Die zusätzliche Verdrehung bewirkt, dass die gewählte Karte auch nach dem Aufräumen einmal zusätzlich verdreht ist, also umgekehrt orientiert als alle anderen Karten liegt.

Beispiel für den zweiten Trickteil (Stapelplätze nebeneinander – so nicht für Publikum!) :

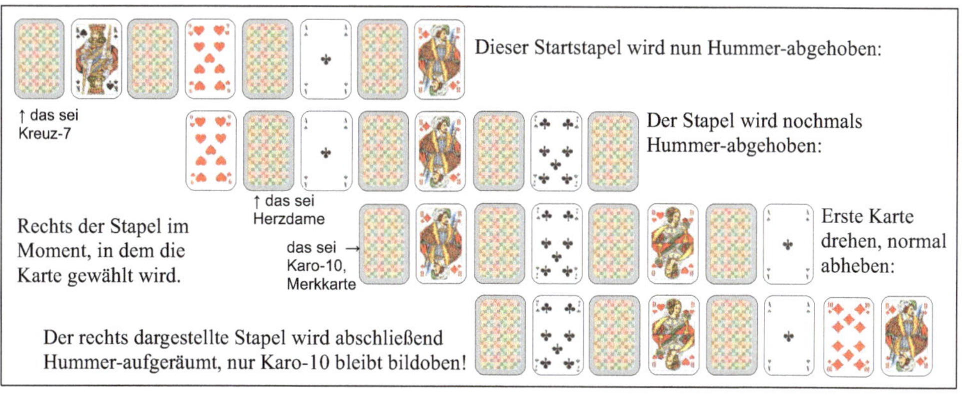

Zur Beruhigung: Alle Trickteile funktionieren auch, wenn versehentlich (beispielsweise unter dem Tuch) mal der gesamte Stapel geschlossen herumgedreht wird: Beim Bilden der Wunderzahl vertauschen sich b und r sowie u und g, gehen also die Summanden b_u in r_g und r_g in b_u über, damit bleibt ihre Summe w erhalten. Beim zweiten Trickteil bleibt die spezielle Sortierung „abwechselnd bildoben|rückenoben" erhalten.

37 ❋ Spukhafte Kräfte

Dieser nur kleinen Aufwand fordernde Trick sollte besonders ruhig („zum Mitden-ken") vorgeführt werden - seine Wirkung ist groß und nachhaltig. Ich beschreibe ihn für zwei Skatspiele, das Bild jeder Karte des einen Spiels soll sich nicht oder nur wenig von dem ihrer Zwillingskarte im anderen Spiel unterscheiden. Die Rückseiten der beiden Spiele dürfen sehr verschieden sein. Jürgen Göring beschreibt ihn in „Trick um Trick" vornehmer für die 2×52 Karten eines Rommé-blatts ohne Joker (üblich sind zwei leicht unterschiedliche Rückseiten der beiden Hälften - das erleichtert das Auseinandersortieren). Man kann auch ein Doppelkopf-spiel entsprechend teilen, allerdings ist da die Kartenanzahl ziemlich klein.

Vorführung

Die Zauberin bittet zur Mitwirkung jemanden mit Mut, denn sie wolle einen Effekt aus der Quantenphysik demonstrieren, der bis heute nicht endgültig ausdiskutiert ist (Albert Einstein nannte ihn eine „spukhafte" Erscheinung). Aber keine Angst, sie werde das in der Welt der Spielkarten tun, wer hilft dabei? Kim traut sich.

Die Zauberin lässt Kim eine von zwei kompletten Packungen mit je 32 Skatkarten auswählen, die andere behält sie selbst. Die Zauberin wird schrittweise ein Experi-ment ausführen, Kim solle alles Schritt für Schritt genau gleichartig tun.

Die Zauberin nimmt den Stapel aus der Packung, mischt einmal durch und legt ihn rückenoben für Kim auf den Tisch. Kim verfährt analog mit dem anderen Stapel.

Zauberin: „Ich hebe etwa zwei Drittel des erhaltenen Stapels ab und legt diese rückenoben als höheren Turm neben den liegengebliebenen Turm. Vom höheren Turm hebe ich etwa die Hälfte ab und lege diese rückenoben als dritten Turm neben den zweiten. Als Physiker nennen wir die Türme anschaulich [sie zeigt auf den ersten] *Lufthülle der Erde*, *Erdkruste* [den zweiten] und *Weltraum* [den dritten]. Kim, bitte verfahre nun mit dem Stapel vor Dir analog." Auch: Lufthülle~erster!

Nachdem das geschehen ist, erklärt die Zauberin weiter: „Wenn ich ‚los!' sage, werden wir nun *möglichst gleichzeitig* folgendes tun: Wir wählen einen beliebigen Turm aus (ich nehme die 'Lufthülle', Du kannst auch einen anderen wählen), ent-nehmen ihm verdeckt eine beliebige Karte und legen diese *Wahlkarte* rückenoben vor uns auf den Tisch. Bist Du bereit? ... Achtung ... los!". So geschieht es.

Weiter die Zauberin: „Die beiden Wahlkarten bleiben zunächst geheim. Ich schaue mir heimlich meine an, präge sie mir gut ein und lege sie rückenoben auf die 'Erdkruste', lege die 'Lufthülle' darauf und das 'Weltall' darüber. Nun einmal sorgfältig abheben." Nachdem Kim das mit ihren Karten nachvollzogen hat, werden die beiden Kartenstapel ausgetauscht und rückenoben auf den Tisch gelegt.

Nun solle jede aus dem so erhaltenen Universum die Zwillingskarte ihrer Wahlkarte heraussuchen und rückenoben auf den Tisch legen. Betont ruhig sagt die Zauberin: „Wenn wir diese Karten jetzt aufdecken, erfahren alle Anwesenden, welche Wahlkarte ich und welche Wahlkarte Kim vorhin räumlich entfernt und *völlig unabhängig voneinander* gewählt haben." Danach macht sie eine kleine spannungserhöhende Pause, dann werden die beiden Karten aufgedeckt: Die Wahlkarten sind Zwillinge voneinander!

„Ich finde, Einstein hat so etwas zu Recht eine 'spukhafte Erscheinung' genannt." *)

Geheimnis

Die Zauberin kennt die unterste Karte von Kims 'Lufthülle' als Leitkarte. Nach Platzierung von Kims Wahlkarte auf der 'Erdkruste' kommt beim Zusammenbau der Türme die Bildseite der Leitkarte auf die Rückseite von Kims Wahlkarte. Das bleibt auch nach dem Abheben so, somit kann die Zauberin beim Durchblättern die Wahlkarte von Kim erkennen und als den Zwilling ihrer eigenen Wahlkarte ausgeben. (Ihre echte Wahlkarte hat sich die Zauberin gar nicht erst eingeprägt.) Falls die Leitkarte beim Abheben zufällig die unterste im Stapel geworden ist, ist Kims Wahlkarte die oberste im Stapel.

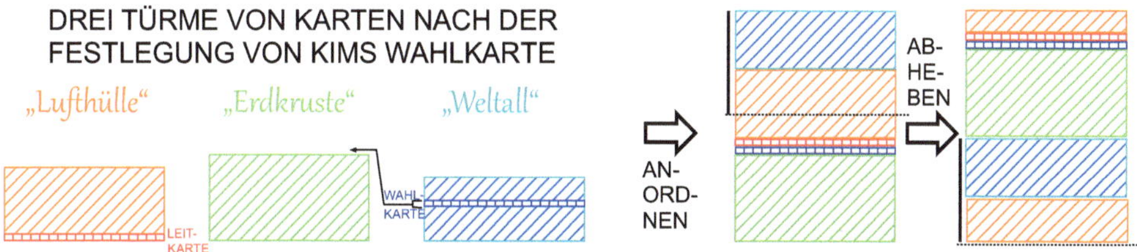

Woher kennt die Zauberin die unterste Karte von Kims 'Lufthülle'? Diese ist die unterste Karte von dem Gesamtstapel, wie ihn die Zauberin am Anfang nach dem Mischen vor Kim rückenoben auf den Tisch legte. Die Zauberin kann diese Karte bei dieser Gelegenheit heimlich kurz erspähen.

Aber viel besser ist der folgende Weg: Die Zauberin sorgt dafür, dass in *beiden* Kartenpackungen am Anfang z.B. die Rot-Zehn oberste Karte ist. Beim üblichen Überhandmischen zieht sie die oberste Karte einzeln ab, so dass die zur untersten Karte im entstehenden Stapel wird - damit wird die Rot-Zehn die Leitkarte.

In Beschreibungen dieses Tricks fehlt oft die **Warnung vor einem Sonderfall** (unwahrscheinlich aber nicht unmöglich): *Die Zauberin muss unbedingt erkennen, wenn Kim als Wahlkarte die Leitkarte (die unterste Karte in der 'Lufthülle') nimmt.* Die Zauberin muss dann die *Leitkarte selbst* als Zwilling ihrer Wahlkarte ausgeben.

---

*) Aber Einsteins Einwand aus dem Jahre 1935, dass nicht Messungen an einem Teilsystem die an einem davon getrennten anderen beeinflussen können, ist durch Experimente widerlegt. Es gibt „verschränkte" Teilsysteme, die keine Wechselwirkung aufeinander ausüben können, aber deren Zustände nicht voneinander unabhängig sind. So ähnlich wie bei eineiig ähnlichen Zwillingen, die sich von Geburt an ganz getrennt voneinander entwickelten. Ergebnisse in dieser Richtung eröffneten beispielsweise die Möglichkeit der Konstruktion von Quantencomputern.

38 ❀ Eine PIN überlisten

Diese Methode eine Karte auszuspähen entstand nach einer Idee aus Martin Gardners „Das verschwundene Kaninchen" (engl. Original 1956) durch Vermeiden des Manipulationsanteils mit einer neuer Einkleidung. Hinter meinem Rücken eine größere Anzahl von Karten in kurzer Zeit exakt um-zuzählen, wäre mir zu riskant.

Vorführung

Die Zauberin mischt ein Skatspiel und sucht sich einen Helfer für den Umgang mit diesem. Sie will das Eindringen in einen Safe illustrieren. Es meldet sich Rocky. „Ich hoffe, Du kannst zur Not etwas zaubern, hast Du einen gängigen Zauberspruch drauf, Hokuspokus, Simsalabim, ZickeZacke, …? Welchen nimmst Du?" Rocky wählt zum Beispiel „Simsalabim". Die Zauberin: „Simsalabim gefällt mir."

Die Zauberin fordert Rocky auf, sich eine ganze Zahl P zwischen einschließlich 1 und 9 auszuwählen, niemand sonst darf die jemals erfahren, P steht für PIN. Dann soll er (ohne dass jemand die Anzahl erkennt!) P Karten vom Stapel abnehmen und diesen kleinen Stapel unerreichbar ablegen (z.B. in die Kartenhülle stecken). Dann soll er nochmals P Karten abnehmen und mit seiner einen Hand bedecken. Nun soll er aus dem Reststapel eine Karte als sehr wertvolle *Merkkarte* auswählen, allen zeigen, auf den Stapel zurücklegen, sofort die P Karten darauf packen und alle Karten des Stapels schön glatt übereinander ausrichten.

Die Zauberin erklärt: „Die Merkkarte ist gut abgesichert und nur nach genauem Ansehen zu erkennen. Wenn jetzt ein Gangster kommt und schnell von ober her ein Stück in den Stapel eindringt [die Zauberin zählt von oben rasch etwa ein Dutzend Karten einzeln auf einen neuen Stapel neben dem alten] – die letzte von ihm noch erreichte Karte [Zauberin tippt auf den kleinen neuen Stapel] wird wohl kaum die Merkkarte sein, und wenn doch, dann weiß es der Gangster nicht." Die Zauberin legt das Bündel der von ihr abgezogenen Karten auf den alten Stapel zurück. „Aber der Gangster hat die Karten im Safe durcheinandergebracht, z.B. die, die jetzt ganz oben liegt, war doch vorher irgendwo weiter unten.

Hat jemand einen guten Rat für Rocky, wie er die Stelle mit seiner wertvollen Karte findet?" Wenn es bei Rocky oder im Publikum Ideen gibt, so behauptet die Zauberin, mit denen gehe es nicht, das werde sich zeigen.
Schließlich greift sie helfend ein: „Zunächst schlage ich Rocky vor, dass er seine *mir unbekannte (!)* PIN ins Spiel bringt. Rocky, nimm die vorsorglich beiseite gelegten P Karten und packe die oben auf den Stapel. Und nun setzt Du Deinen Zauberspruch ein: Sage Buchstabe für Buchstabe ‚S-i-m-s-a-l-a-b-i-m' und nimm bei jedem Buchstaben eine Karte oben vom Stapel.

Zeige uns die letzte gezogene Karte. Es ist Deine Merkkarte, stimmt's?" . „Ja."

Geheimnis

An der Stelle der Vorführung

> *die Zauberin zählt von oben <u>rasch</u> etwa ein Dutzend Karten*
> *einzeln auf einen neuen Stapel*

muss sie exakt so viele Karten ziehen, wie Rockys Zauberspruch Buchstaben hat.

Die Zauberin ermittelt für sich diese Anzahl wesentlich früher in dem Moment, in dem Rocky seinen Spruch wählt! Ich habe für mich vorbeugend gelernt:
„Hokuspokus", „Simsalabim" und „ZickeZacke" haben jeweils 10 Buchstaben.
„Abrakadabra" hat 11 Buchstaben.
Die Zauberin muss <u>Zaubersprüche ablehnen</u>, die weniger als 10 Buchstaben haben!

Erklärung

Es bezeichne Z die Anzahl der Buchstaben des Zauberspruchs. $Z \geq 10$ sichert zusammen mit $P \leq 9$, dass $Z - P - 1 \geq 0$ ist, so dass bei der Aktion des Gangsters der obere Stapelteil nicht zerlegt wird. Die folgenden Momentaufnahmen zeigen den Stapel während der Vorführung des Tricks, P hebt sich aus der Rechnung heraus.

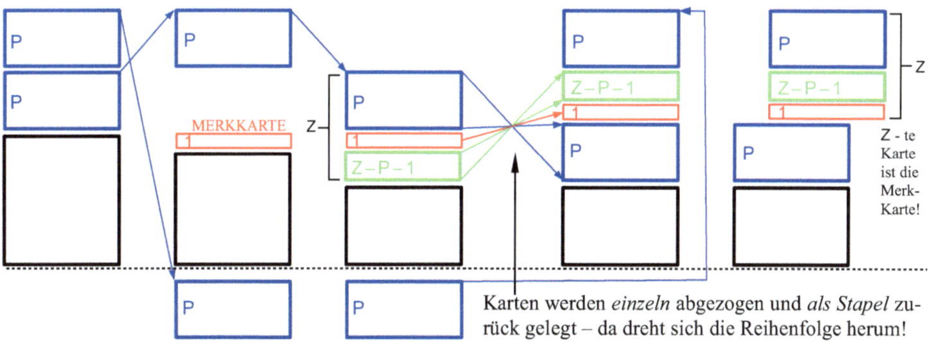

Karten werden *einzeln* abgezogen und *als Stapel* zurück gelegt – da dreht sich die Reihenfolge herum!

Hintergrund

Weit vor der unterhaltsamen Zauberei traten besondere Sprüche in Beschwörungen, religiösen Zeremonien und beim „Besprechen" von Krankheiten auf.
„Abrakadabra" ist vermutlich eine entstellte antike Formulierung, die nachweislich schon im 3. Jahrhundert als Formel gegen Schmerzen und Fieber diente.
In der katholischen Messe beschreibt „hoc est enim corpus meum" die Wandlung von Brot in den Leib Christi – wahrscheinlich der Ursprung von „Hokuspokus".
„Simsalabim" verbreitete der Weltstar Kalanag durch seine Zauberrevuen um 1950. Ursprünglich entnahm es 1922 der Magier Dante einem bekannten Kinderlied.
Die legendären Las-Vegas-Magier Siegfried und Roy prägten 1990 „Sarmoti" aus den Anfangsbuchstaben von „Siegfried and Roy, Masters of the Impossible".

39 ❀ Partnervermittlung

Es werden vier „weibliche" und vier „männliche" Bilder gleicher Größe mit neutraler Rückseite benötigt, z. B. 4 Könige und 4 Damen aus einem Skatspiel mit französischem Bild (bei einem mit deutschen Bild gibt es in der Regel keine Damen, aber dafür manchmal Asse in Gestalt schöner Frauen).
Bei Verwendung von Porträtfotos könnte man statt mit je 4 auch mit je 3, 5 oder 6 arbeiten, eventuell auch mit Menschen einerseits und Gegenständen andererseits.

Vorführung

„Es geht um eine Partnerschaftsvermittlung – demonstriert in der Spielkartenwelt." Die Zauberin hält aufgefächert die vier Könige eines Skatspiels (französisches Bild) hoch und legt sie dann als Stapel bildunten auf den Tisch. Auf diesen Stapel kommen dann einzeln vorgezeigt nacheinander bildunten die vier Damen dazu.

Die Zauberin fordert jemanden auf, eine (ganze) „Schicksalszahl" zwischen einschließlich 1 und 7 zu nennen – es wird die Zahl Z genannt. Entsprechend hebt die Zauberin wie üblich ab, indem sie oben einen Teilstapel von genau Z Karten abhebt, auf den Tisch legt und auf diesen den restlichen Stapel legt. Im Fall Z = 4, leicht erkennbar als purer Austausch des Königsblocks mit dem Damenblock, wiederholt die Zauberin *sofort* danach das Abheben nach Erfragen eines anderen Z zwischen 1 und 7. Nun teilt die Zauberin den Achterstapel genau in der Mitte, dreht den unteren Teil bildoben und schlägt ihn von unten gegen den oberen Teil. Sie nimmt den neuen Achterstapel hinter ihren Rücken und verrät dem Publikum: „Flirten am Achtertisch. Da ist ganz schön was los, da versuchen welche, sich auf die Schnelle etwas Passendes zu sichern."

Die Zauberin bringt mit einer Hand zwei Karten nach vorn, legt sie verdeckt nahe beieinander auf den Tisch und kommentiert: „Die waren am schnellsten, die könnten ihrem Wunschtraum nahe sein." Zwei Karten gleichzeitig oder zügig nacheinander.
Dann bringt die Zauberin analog zwei weitere Karten nach vorn, legt sie getrennt von den ersten ab und lässt spekulieren, ob es da nochmals zwei geschafft haben könnten, gut zusammen zu passen. Wie groß mag die Wahrscheinlichkeit sein?
„Danach war die Auswahl nicht mehr so toll", kommentiert die Zauberin, bevor sie zwei weitere Karten verdeckt als Paar auf den Tisch legt.
Dann legt sie auch noch die verbliebenen zwei Karten verdeckt nahe beieinander ab und meint: „Traurig, die liegen mir besonders am Herzen, die wollten sorgsam prüfen, mit wem sie es versuchen, vielleicht verbindet sie gerade das – aber eigentlich können sie nur noch hoffen, dass die Partnervermittlerin eine Zauberin ist ..."

Die Zauberin deckt neugierig zuerst das letzte Paar auf: „Beide mit derselben Kartenfarbe, besser geht`s doch gar nicht !". Und dann nacheinander die anderen Paare: Jedes Mal König und Dame mit jeweils übereinstimmender Farbe.

Geheimnisse

Erstes Geheimnis: Beim (kurzen!) Vorzeigen des Könige-Fächers prägt sich die Zauberin die Reihenfolge der vier Farben ein, gezählt von der <u>Bild</u>seite des Fächers aus. In dieser Farbreihenfolge legt die Zauberin einzeln die Damen auf den Stapel, am besten liegen diese vorher kreuz und quer bildoben auf dem Tisch.

Zweites Geheimnis: Hinter dem Rücken werden die zunächst acht Karten zwischen Daumen und Zeigefinger einer Hand gehalten. Für jede Paarbildung wird jeweils eine Karte an der Daumenseite und eine am Zeigefinger entnommen.

Erklärung

Im Folgenden bezeichnen die Ziffern 1, 2, 3, 4 die Farben in der Reihenfolge der Königskarten K1, K2, K3, K4 im Fächer. Entsprechend bezeichnen D1, D2, D3, D4 die Damenkarten in der jeweils übereinstimmenden Farbe.

Nach Bilden des Stapels am Anfang kommt man wegen des ersten Geheimnisses zur anderen Karte der gleichen Farbe, wenn man im Stapel vier Plätze nach unten geht (falls der Stapel vorher endet, wird von oben zyklisch weitergezählt). Diese Eigenschaft bleibt beim üblichen Abheben des Stapels erhalten, da das Abheben eines Kartenstapels die zyklisch aufgefasste Reihenfolge nicht verändert. Man sieht das auch in folgenden Skizzen, als Beispiel werden Z = 3 Karten abgehoben:

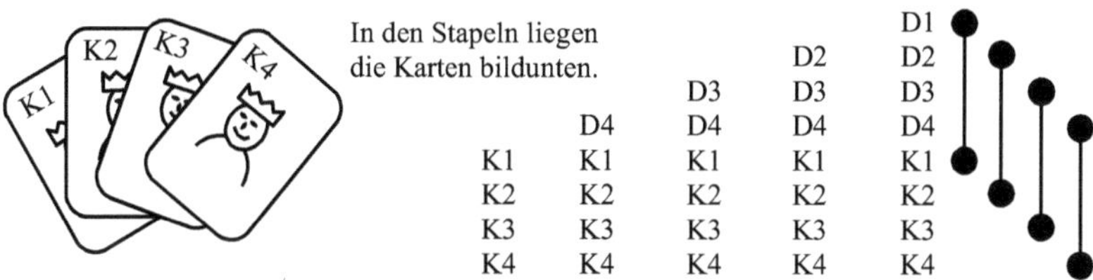

In der Abbildung markieren die Paare gleichfarbiger Karten, zunächst im Abstand 4, nach dem Wenden der unteren Stapelhälfte symmetrisch zur Stapelmitte. Bei Auswahl entsprechend Geheimnis zwei erhält man K und D gleicher Farbe.

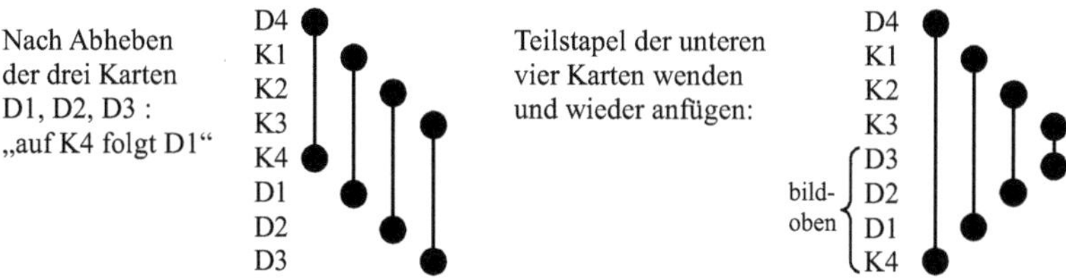

40 ❀ Bescheidene Wünsche

Es werden nach Möglichkeit als A, B, C drei von den Gästen in die Vorführung einbezogen. Für eine Einzelperson wäre ein ganz anderer Text erforderlich. Die im folgenden genannten speziellen Spielkarten sind austauschbare Beispiele.

Vorführung

Die Zauberin mischt ein Skatspiel und wendet sich an A: „Du darfst dir wünschen, dass jetzt eine Skatkarte deiner Wahl gefunden wird. Welche soll es sein?" A wünscht sich die Herz-Dame.

Die Zauberin mischt die Karten erneut, legt den Stapel rückenoben auf den Tisch und wendet sich an B: „Bitte schaue verdeckt *nur für dich* nach, ob die oberste Karte die Herz-Dame ist – ja oder nein?". B verneint. [Im mit Wahrscheinlichkeit $\frac{1}{32}$ seltenen Ausnahmefall ‚ja‘ sagt die Zauberin ohne jede Überraschung in der Stimme „Na geht doch!" und beendet den Trick – aber bei ‚nein‘ geht es weiter:]

Die Zauberin bittet B, sich die Karte gut einzuprägen, legt die Karte verdeckt auf den Stapel, mischt wieder und wendet sich an C: „Bitte schaue verdeckt *nur für dich* nach, ob die oberste Karte die Herz-Dame ist – ja oder nein?". C verneint. [Im Ausnahmefall ‚ja‘ sagt die Zauberin „Na geht doch!" und beendet den Trick – aber bei ‚nein‘ geht es weiter:] Die Zauberin bittet C, sich die Karte gut einzuprägen, dann legt sie die Karte verdeckt auf den Stapel.

Die Zauberin erklärt: „A sollte nicht zu traurig sein. Und außerdem hat A die Herzdame gewünscht, ohne zu wissen, ob die überhaupt irgendwo in dem Stapel ist! Man sollte da vielleicht vorsichtiger sein. B hat ja wenigstens *eine* Karte mit eigenen Augen gesehen, die man sich bescheiden wünschen kann. Welche wäre das?" B nennt den Karo-König. Die Zauberin mischt wieder und lässt B die oberste Karte aufdecken – es ist der Karo-König.

Entsprechend verrät dann C, dass C realitätsverbunden das Pik-Ass wünschen kann. Die Zauberin mischt wieder und lässt C nachsehen – es zeigt sich das Pik-Ass.

Geheimnis und Erklärung

Schon bei der vergeblichen Suche nach der Herz-Dame fand im Beispiel also B den Karo-König, C das Pik-Ass.

Nachdem der Karo-König oben auf den Stapel kam, achtet die Zauberin beim „Überhand-Mischen" (d.h. wie üblich von einer Hand in die andere) darauf, dass er *einzeln abgezogen und so zur untersten* Karte wird. Nachdem das Pik-Ass auf den Stapel kam, werden beim Mischen *unterste und oberste Karte einzeln gezogen*, so wird der Karo-König wieder die oberste Karte und das Pik-Ass die unterste. Nach nochmaligem *solchen* Mischen wird Pik-Ass wieder die oberste Karte.

41 ❊ mal … minus … durch … plus

Der hier erstmals veröffentlichte Trick funktioniert für beliebige reelle Zahlen $\neq 0$. Ich beschreibe ihn für kleine natürliche Zahlen, dafür reicht das kleine 1×1. Für andere braucht der Mitspieler (aber nicht der Zauberer!) einen Taschenrechner.

Vorführung

Der Zauberer sucht einen solchen Mitspieler, der *alle vier Grundrechenarten* beherrscht. „Getestet wird der Umgang mit der Zauberzahl 6." Es kommt, eingeleitet vom Zauberer, zu folgender Rechnung mit geheimen Zwischenergebnissen:

„Bitte wähle als Geheimzahl irgendeine positive ganze Zahl zwischen 1 und 9.
Nun *multipliziere* deine Geheimzahl mit 6.
Nun *subtrahiere* vom Ergebnis eine 6.
Nun *dividiere* dieses Ergebnis durch 6.
Nun *addiere* zu diesem Ergebnis eine 6.
Nun nenne mir bitte dein Endergebnis." (Der Mitspieler nennt es.)
Der Zauberer: „Deine Geheimzahl war […]." Der Mitspieler bestätigt das.
Wenn der Mitspieler das nicht bestätigt: „Da hast du dich versehen, da rechnen wir gemeinsam nach." …

Geheimnis

Die Geheimzahl erhält man, indem man vom Endergebnis eine 5 subtrahiert.

Erklärung

Ausgehend von der Geheimzahl G erhält der Mitspieler nach der Multiplikation $6 \cdot G$, nach der Subtraktion $6 \cdot G - 6 = 6 \cdot (G-1)$, nach der Division $(G-1)$, nach der Addition als Endergebnis $E = (G-1) + 6 = G + 5$. Auflösen nach G ergibt $G = E - 5$.

Varianten

An Stelle der 6 kann als Zauberzahl jede Zahl Z benutzt werden, es kommt dann zum Endergebnis $E = (G-1) + Z = G + (Z-1)$. Der Zauberer rechnet $G = E + 1 - Z$.

Spezialfall davon mit der Geheimzahl selbst als Zauberzahl: Es kommt dann zum Endergebnis $E = (G-1) + G = 2 \cdot G - 1$. Der Zauberer rechnet $G = (E+1) : 2$.
Beispiele zu diesem Spezialfall: **Altersbestimmungen:** **Geldbörseninhalt 37,14 €** …
„Als Startwert nimmst du dein mir unbekanntes Alter. Multipliziere das mit deinem Alter. Subtrahiere davon das Alter. Dividiere das durch das Alter. Addiere dazu dein Alter. Nun nenne mir das Endergebnis." [Antwort] „Dein Alter ist …".
Bei Alter 11: Mitspieler erhält 121, 110, 10, $E = 21$. Zauberer: Alter $= 22 : 2$.
Bei Alter 37 mit einem Taschenrechner: 1369, 1332, 36, $E = 73$. Zauberer ohne Taschenrechner: Alter $= 74 : 2$.

42 ✳ Die Ziffer hinter der kleinen Klappe

Die Grundidee des Tricks stammt aus W. Ahrens „Altes und Neues aus der Unterhaltungsmathematik" von 1918. Die entsprechende Regel war damals noch Schulstoff – ist inzwischen längst wegrationalisiert, gehört also jetzt zur Zauberei.

Vorführung

(Die Buntheit des Rechenblattes ist nicht notwendig, aber schmückt und erleichtert Vorführung und Erklärung.)

Die Zauberin überreicht dem mitwirkungsbereiten Rico ein Rechenblatt und bittet um sorgfältiges Ausfüllen. Sie wendet sich ab, damit sie dabei nicht zusehen kann, und erklärt dann (mit den nötigen Sprechpausen) den Ablauf:

„In den nächsten Minuten nennt bitte niemand eine Zahl, denn die könnte ich hören und ausnutzen. Rico, bitte schreibe in die oberste Zeile des Blattes sechs Dezimalziffern *deiner Wahl*. In die nächste Zeile schreibst du bitte diese Ziffern in umgekehrter Reihenfolge, also die bisher hinterste Ziffer als neue vorderste usw. Jetzt addiere bitte die beiden entstandenen Zahlen, das ergibt eine mit höchstens sieben Ziffern darstellbare Summe. Mit der großen Klappe oben verdeckst du nun die beiden Summanden.

Jetzt hast du wieder *freie Wahl*: Bitte verdecke mit einer der kleinen Klappen unten *eine* Ziffer unserer Summe.

Nun schaue ich mir das Ganze an und versuche, diese verdeckte Ziffer zu nennen. Das erfordert allerhand magische Kräfte, denn ich kenne ja die Summanden nicht." Nach einiger Zeit atmet die Zauberin auf und verkündet: „Die Ziffer ist eine ..."

Dass die Startzahl aus 6 Dezimalziffern entsteht, bedeutet nicht, dass sie eine sechsstellige Zahl sein muss – z.B könnte die linke Ziffer eine 0 sein, dann wäre die Startzahl höchstens fünfstellig. Der Trick lässt sich übrigens auf andere Formate ausdehnen, aber die Anzahl der *beim Start geschriebenen* Ziffern muss unbedingt *gerade* sein!

Geheimnis

Wir nummerieren die Plätze für die Ziffern der Summe S von rechts nach links, die rechte Ziffer steht auf Platz 1. Es wäre schön, wenn wir einerseits die <u>Summe aller in S auf ungeraden Plätzen stehenden Ziffern</u> und andererseits die <u>Summe aller in S auf geraden Plätzen stehenden Ziffern</u> bilden könnten.

Aber wir können nur eine dieser beiden **v**ollständig bilden, der Wert sei **V**. Von der anderen können wir (wegen der Klappe) nur eine **T**eilsumme bilden, Wert sei **T**.

Wir berechnen die Differenz $D = T - V$ (die kann negativ sein).

Die durch die Klappe verdeckte Ziffer ist dann diejenige, für deren Größe z der Wert $(D + z)$ eine durch 11 teilbare ganze Zahl ist.

Durch eine Zusatzbetrachtung könnte man beweisen, dass für $(D + z)$ nur -11, 0 oder 11 in Frage kommen.

Beispiel für S = 022220 (entstanden aus 011110 + 011110) :   rot ungerade, blau gerade

$S = z\,2\,2\,2\,2\,0:\quad V = 0{+}2{+}2 = 4,\quad T = 2{+}2 = 4,\quad D = T - V = 4 - 4 = 0.$
$\qquad$ 0+**0** ergibt die durch 11 teilbare Zahl 0, also ist $z = \mathbf{0}$.

Beispiele für S = 1008909 (entstanden aus 554454 + 454455) :

$S = 1\,0\,z\,8\,9\,0\,9:\quad V = 0{+}8{+}0 = 8,\quad T = 9{+}9{+}1 = 19,\quad D = T - V = 19 - 8 = 11.$
$\qquad$ 11+**0** ergibt die durch 11 teilbare Zahl 11, also ist $z = \mathbf{0}$.

$S = 1\,0\,0\,z\,9\,0\,9:\quad V = 9{+}9{+}0{+}1 = 19,\quad T = 0{+}0 = 0,\quad D = T - V = 0 - 19 = -19.$
$\qquad$ $-$19+**8** ergibt die durch 11 teilbare Zahl -11, also ist $z = \mathbf{8}$.

$S = 1\,0\,0\,8\,z\,0\,9:\quad V = 0{+}8{+}0 = 8,\quad T = 9{+}0{+}1 = 10,\quad D = T - V = 10 - 8 = 2.$
$\qquad$ 2+**9** ergibt die durch 11 teilbare Zahl 11, also ist $z = \mathbf{9}$.

Abwägen: Ist für Ihren Kopfrechenstil $D = (9 + 0 + 1) - 0 - 8 - 0 = 2$ (kein V merken) ein besserer Weg?

Erklärung

Die durch sechs Dezimalziffern dargestellte Startzahl sei $\boxed{f\mid e\mid d\mid c\mid b\mid a}$, also
$a + 10b + 100c + 1000d + 10000e + 100000f$. Addition der „Spiegelzahl" ergibt

$$
\begin{aligned}
S = \;(&\quad\quad\ a+\quad\ 10b+\ 100c+1000d+10000e+100000f\ )\\
+\;(&\ 100000a+10000b+1000c+\ \ 100d+\quad 10e+\quad\quad\ f\ )\\
=\;&\quad 100001a+10010b+1100c+1100d+10010e+100001f\\
=\;&\ 11\cdot\{\,9091a+\ \ 910b+\ 100c+\ 100d+\ \ 910e+\ \ 9091f\,\},
\end{aligned}
$$

also ist S durch 11 teilbar.

Die durch sieben Dezimalziffern dargestellte Summe S sei $\boxed{q\mid r\mid s\mid t\mid u\mid v\mid w}$.
Es bezeichne $\mathbf{U} = w{+}u{+}s{+}q$ die Summe aller Ziffern auf **u**ngeraden Plätzen und
$\mathbf{G} = v{+}t{+}r$ die Summe aller Ziffern auf **g**eraden Plätzen.
Wenn die Klappe z auf einem ungeraden Platz bedeckt, ist $V = G$ und $T = U - z$,
also $\underline{T - V + z = U - G}$. Wenn z auf einem geraden Platz bedeckt wird, ist $V = U$
und $T = G - z$, also $\underline{T - V + z = G - U}$.
Da S durch 11 teilbar ist, ist nach **Teilbarkeitsregel für 11** das $(U - G)$ und
folglich auch das $(G - U)$ durch 11 teilbar. Also muss z bei jeder Wahl der Klappe
derart sein, dass $\underline{(T - V)}{+}\underline{z}$ eine durch 11 teilbare ganze Zahl ergibt.

Hintergrund

Für jede im Dezimalsystem dargestellte natürliche Zahl S sei U die <u>Summe aller
Ziffern auf ungeradem Platz</u>, G die <u>Summe aller Ziffern auf geradem Platz.</u>

Regel: S ist genau dann durch 11 teilbar, wenn $(U{-}G)$ durch 11 teilbar ist.

Beweis für bis zu siebenstellige S (für größere S mit mehr Schreibarbeit analog möglich):
Betrachte S mit sieben Ziffern $S = \boxed{q\mid r\mid s\mid t\mid u\mid v\mid w}$. Dann gilt

$$
\begin{aligned}
S = w +\ &\ 10\,v +\ \ 100\,u +\ \ \ 1000\,t +\ \ 10000\,s +\ \ \ \ 100000\,r +\ \ 1000000\,q\ =\\
&\ w + (11{-}1)v + (99{+}1)u + (1001{-}1)t + (9999{+}1)s + (100001{-}1)r + (999999{+}1)q\ =\\
&\ (w{+}u{+}s{+}q) - (v{+}t{+}r) + \{\,11\cdot[\,v + 9\,u + 91\,t + 909\,s + 9091\,r + 90909\,q\,]\,\} = U{-}G + \{\text{Vielfaches von } 11\}
\end{aligned}
$$

Vorlage für Trick Nr. 41

43 ❋ Fußballexperten im Publikum

Vorführung als Experimentalvortrag des Zauberers – vielleicht machen Sie eine Diskussion daraus

Bei einem Fußballturnier in einem Kinderdorf spielen Dreiermannschaften, wobei alle aus der Mannschaft zur gleichen „Familie" gehören müssen. Familie Balli hat wie alle diese Familien zehn Kinder, kann also drei für den Stamm und sieben Auswechsler melden. Eine Tafel mit Abbildungen der Kinder würde den Vortrag lebendiger machen.

Familie Balli bat mich um entsprechende Beratung, weil sie sich davon zwei Vorteile erhofft: Erstens kenne ich den weltberühmten Trainer Kloppiola, und der hat mir nach ein paar Minuten Probetraining mit den Ballis seine Meinung zur Auswahl des Stammtrios auf *diesen* Zettel geschrieben, ich zeige den später.
Der zweite Vorteil ist, dass ich heute anwesende Experten mit einbeziehen kann, wenn die nach Kloppiolas Geheimmethode selbst eine Auswahl suchen.

Es überfordert uns, jetzt die Namen der zehn Kinder zu lernen. Wir benutzen die Rückennummern *von 0 bis 9* auf deren Trikots. Die hat Kinderdorfmutter Balli so vergeben, dass die besten Offensivkräfte die höchsten Nummern bekommen, es ist ja auch in anderen Mannschaften üblich, dass die 9 der Mittelstürmer trägt. Die, deren Stärke mehr in der Defensive liegt, haben die niedrigsten Nummern.
Wenn nur drei in einer Mannschaft sind, lehrt Kloppiola, muss man die Balance zwischen Offensive und Defensive um so mehr beachten. Eine Dreiermannschaft kann ja durch eine aus den drei unterschiedlichen Rückennummern gebildete Zahl beschrieben werden. Bei der „Offensivzahl" steht links die höchste Ziffer und rechts die kleinste von den drei Ziffern. Bei der „Defensivzahl" der Mannschaft steht links die kleinste und rechts die größte von den drei Ziffern. Wenn es z.B. in der Mannschaft die Rückennummern 4, 1 und 8 gibt, ist was ihre Offensivzahl und was ihre Defensivzahl? [841|148]. Wenn man Abbildungen hat, zeige man auf die Kinder 4, 1 und 8.

Bevor ich verrate, wie man nach Kloppiola die Auswahl verbessert, bis man ein chancenreiches und stabiles Stammtrio gefunden hat, bitte ich zwei Experten unter Ihnen, das nachzuvollziehen. Ich durchschaue und beeinflusse Sie magisch, damit Sie sich nicht blamieren: Starten Sie mit *irgendeinem vernünftigen* unter den *120* möglichen Trios – ich würde z.B. nicht mit drei Stürmern beginnen. Schreiben Sie Ihr Starttrio in eine Tabelle oben als Offensivzahl und darunter als Defensivzahl.
Nun machen Sie *immer wieder* folgendes:
⚽ Sie bilden die *Differenz* von Offensivzahl und Defensivzahl.
⚽ Aus den Ergebnisziffern bilden Sie die *nächste* Offensiv- und Defensivzahl.
Es interessiert uns, was Sie so nach einigen Schritten erhalten. Arbeiten bis zum Fixpunkt.

Mit welcher Auswahl sollte Familie Balli am Turnier teilnehmen? [… 9, 5, 4 …]
Sie empfehlen einen Stürmer und zwei Mittelfeldleute? Ein guter Expertenrat? Wir schauen nach, was mir Kloppiola für unsere Ballis aufgeschrieben hatte: 9, 5, 4 .

Vorlage für ein Schema auf einem Plakat oder auf einem Handzettel für die einbezogenen „Experten" im Publikum: möglichst mit Plakat, damit alle Gäste etwas sehen

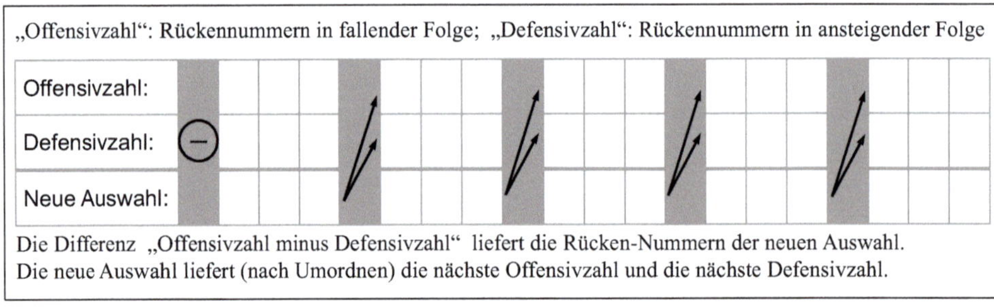

„Offensivzahl": Rückennummern in fallender Folge; „Defensivzahl": Rückennummern in ansteigender Folge

Die Differenz „Offensivzahl minus Defensivzahl" liefert die Rücken-Nummern der neuen Auswahl.
Die neue Auswahl liefert (nach Umordnen) die nächste Offensivzahl und die nächste Defensivzahl.

Zahlenbeispiel	8	4	1		9	6	3		9	5	4		9	5	4	
	1	4	8		3	6	9		4	5	9					
	6	9	3		5	9	4		4	9	5					

Geheimnis

Von *jedem* Starttrio aus kommen die Experten nach spätestens fünf Schritten zu der Auswahl 4, 9, 5 , die sich durch weitere Schritte nicht mehr verändert.

Erklärung

Es ist zu zeigen, dass jedes entstehende Tripel aus drei unterschiedlichen Ziffern besteht und sich nach spätestens fünf Schritten beständig 4, 9, 5 einstellt. Die Experten beginnen mit drei Ziffern $c > b > a \geq 0$, woraus $(c - a) \geq 2$ folgt.

Erster Schritt: Subtraktion $\boxed{c \mid b \mid a} - \boxed{a \mid b \mid c} = \boxed{c - a - 1 \mid 9 \mid 10 + a - c}$. Mit der Abkürzung $d := (c - a)$ ist das Ergebnis $\boxed{d - 1 \mid 9 \mid 10 - d}$ mit einem $2 \leq d \leq 9$. Die drei Ergebnisziffern sind *verschieden*, $d - 1 = 10 - d$ würde $d = 5,5$ bedeuten. Die Offensivzahlen dieses Ergebnistripels entstehen für $d \leq 5,5$ und $d \geq 5,5$ unterschiedlich. Ab Schritt zwei hängen sie von nur einem Parameter d ab, man kann dessen acht Werte durchprobieren! Stets ergeben sich drei *verschiedene* Ziffern:

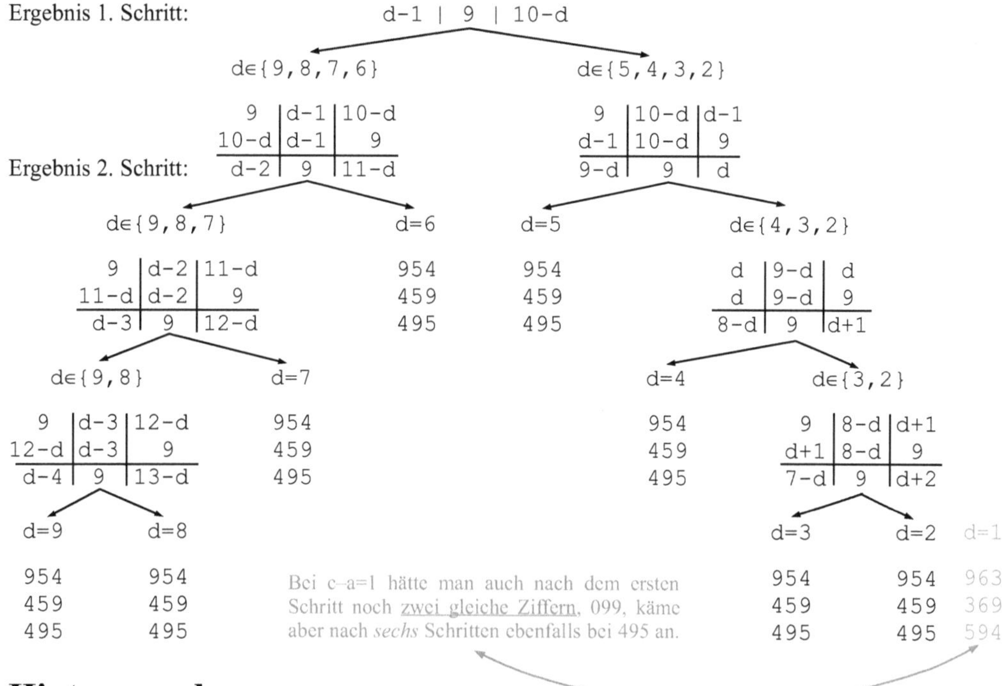

Hintergrund

Dass bei dreistelligen Zahlen, bei denen höchstens zwei Ziffern gleich sind, das beschriebene Verfahren stets zu „Fixpunkt" 495 führt, entdeckte im Jahre 1949 der indische Mathematiker Kaprekar. Für ein analoges Verfahren mit vierstelligen Zahlen fand er, dass spätestens nach sieben Schritten stets der Fixpunkt 6174 erreicht wird. Ihm zu Ehren heißen solche Fixpunkte Kaprekar-Konstanten. Bei anderer Stellenanzahl enden Folgen nicht immer in einem Fixpunkt (sie müssen dann in einen von endlich vielen Zyklen einlaufen). Angaben für alle bis Stellenanzahl 20 im Internet.

44 ✳ Nur *ein* Ergebnis verrät zwei Geheimzahlen

Der hier erstmals veröffentlichte Trick erfordert für die Mitspieler häufig einen Taschenrechner. Die Zauberin sollte auch ohne diesen das kleine 1×1 bis zur 11 beherrschen und dreistellige Zahlen durch 9 dividieren können.

Vorführung

Die Zauberin braucht zur Mitwirkung zwei Personen aus dem Publikum. Es melden sich Xin und Yma. Die Zauberin deutet für sie und das Publikum in der Luft eine Skala an und erläutert: „Wir arbeiten jetzt mit der Skala 0, 1, 2, …, 12. Besonders interessieren uns die ungeraden Zahlen. Jede ungerade Zahl hat auf der Skala eine gerade Zahl als linken Nachbarn und eine gerade Zahl als rechten Nachbarn. Z.B. hat die 7 die Nachbarn 6 und 8.

X̲in, du wählst jetzt bitte eine *ungerade* Geheimzahl x̲ zwischen 0 und 12, addierst zu dieser ihren linken Nachbarn und dazu dann ihren rechten Nachbarn, merke Dir deine Summe. Y̲ma, du wählst jetzt bitte eine *andere* ungerade Geheimzahl y̲ zwischen 0 und 12, addierst zu dieser ihren linken Nachbarn und dazu dann ihren rechten Nachbarn und erhältst so deine Summe. Nun multipliziert ihr bitte eure beiden Summen und schreibt mir *nur das Ergebnis* auf einen Zettel. Aha, [...] .

Aus diesem *einen* Ergebnis [...] will ich mit meinen Zauberkräften nun eure *beiden* Geheimzahlen x und y erkennen." Die Zauberin denkt etwas nach. „Die beiden Geheimzahlen sind … und …". Die Zauberin dankt Xin und Yma.

Falls gefragt wird, welche zu Xin und welche zu Yma gehört, sagt die Zauberin, dass sie das nicht sicher wissen könne, denn die Zahl auf dem Zettel wäre doch die gleiche, wenn die beiden ihre Geheimzahlen tauschten.

Geheimnis

Jede natürliche Zahl N>1 hat die zwei „unechten Teiler" 1 und N, es ist ja $N = 1 \cdot N$. Eventuell vorhandene andere Teiler heißen echte Teiler. Jede natürliche Zahl N>1, die keine echten Teiler hat, heißt Primzahl.

Die Zauberin teilt das ihr genannte Ergebnis heimlich durch 9, sie erhält $A (= x \cdot y)$.
Falls $A = 9$ ist, sind die Geheimzahlen x und y die Zahlen 1 und 9. Sonderfall!
Falls A eine Primzahl ist, sind x, y ihre unechten Teiler.   A kann da nur 3, 5, 7, 11, 13 sein.
Falls A weder 9 noch Primzahl ist, sind x, y echte Teiler $< \underline{15}$ mit $x \cdot y = A$. Eindeutig!

Im Rahmen unseres Tricks werden nur Zerlegungen von A in *zwei* Teiler geprüft, Beispiel $45 = 5 \cdot 9 = 3 \cdot \underline{15}$.

Drei Beispiele, das E ist jeweils das der Zauberin übermittelte Ergebnis:
x=1, y=9, Xins Summe 0+1+2=3, Ymas Summe 8+9+10=27, E=3·27=81.
     Zauberin rechnet A= E:9 = 9 ; Sonderfall, Geheimzahlen 1 und 9.
x=1, y=7, Xins Summe 0+1+2=3 , Ymas Summe 6+7+8=21 , E=3·21=63.
     Zauberin rechnet A= E:9 =7; 7 ist Primzahl, unechte Teiler 1 und 7.
x=5, y=11, Xins Summe 4+5+6=15, Ymas Summe 10+11+12=33, E=15·33=495.
     Zauberin rechnet A= E:9 =55; 55 zerlegbar in 5·11, echte Teiler 5 und 11.

Erklärung

Xins Summe ist $(x-1)+x+(x+1)=3x$, Ymas Summe analog $3y$, also $E=9xy$, $A=xy$.

Die Bedingungen für die Auswahl von x und y lassen nur endlich viele Kombinationen für A zu – einen primitiven Beweis dafür, dass der Trick funktioniert, erhält man mit dem Ausprobieren aller Kombinationen. In folgender Tabelle stehen in den Zeilen die Möglichkeiten für x, in den Spalten die für y. Im Kreuzungspunkt von Zeile und Spalte steht A. Der grau unterlegte Teil ist nicht ausgefüllt, da er bei Vertauschung von x, y im ausgefüllten Teil erfasst ist. Die Felder in der Diagonale (leer) werden durch die Forderung $x \neq y$ ausgeschlossen. (Zu den grau gedruckten Zahlen und dem ★ siehe später.)

x \ y	1	3	5	7	9	11	13
1		3	5	7	9	11	13
3		★	15	21	27	33	39
5				35	45	55	65
7					63	77	91
9						99	117
11							143

Man sieht, dass jeder Wert von A nur für *eine* Kombination entsteht, also von A eindeutig auf die x, y zurückgeschlossen werden kann. Dass das unter „Geheimnis" angegebene Rezept diesen Rückschluss leistet, kann man durchprobieren (siehe aber unter „Hintergrund").

$x\neq y$ wurde gefordert, damit $x=y=3$ nicht auftritt, denn da würde bei ★ $A=9$ entstehen wie schon bei $1\cdot 9$. Man könnte $x=y$ erlauben, wenn man 1 als Geheimzahl ausschließt.

Die grauen Zahlen in der Tabelle zeigen, dass alles noch funktioniert, wenn man 13 als Geheimzahl einbezieht. Allerdings würde das erfordern, die Vielfachen von 13 (letzte Spalte) schnell zu erkennen, z.B. sofort $91=7\cdot 13$ zerlegen zu können.

Hintergrund

Seit der Antike ist als **Satz** bekannt: Jede natürliche Nichtprimzahl $N>1$ lässt sich eindeutig bis auf die Faktorreihenfolge als Produkt von Primzahlen darstellen.

Jede ungerade Zahl bis 13 ist 1 oder 9 oder eine Primzahl. Im Trick geht es um die Zerlegung von $A=xy$ in *zwei* (!) Faktoren. $1\cdot 9$ ist nur in $1\cdot 9$ oder $3\cdot 3$ zerlegbar, $3\cdot 3$ verletzt $x\neq y$. Genau für $x=1$ und eine Primzahl y ist $A=y$ selbst Primzahl, also nur unecht $1\cdot A$ zerlegbar. Im Hauptfall, zwei Primzahlen x und y, ist A nach Satz echt nur in diese zerlegbar. Es verbleiben die Fälle $x=9$ und $y=p$ mit Primzahl p. A ist dann das Primfaktorprodukt $3\cdot 3\cdot p$, hat also zwei Zerlegungen $3\cdot 3|p$ und $3|3\cdot p$. Für $p=3$ sind beide Zerlegungen identisch, für $p\geq 5$ ist $3\cdot p\geq 15$ keine Geheimzahl.

45 ❀ Hellsehen mit der App

Die im Folgenden in Schreibschrift gedruckten Zahlen und Kartennamen stehen nur für ein spezielles Beispiel. Lies eventuell auch „Unter" für „Bube", „Ober" für „Dame".

Vorführung

Der Zauberer erinnert daran, dass früher eine, die als Hellseherin auftreten wollte, einen Meister brauchte, dessen schwarze Katze sie so lange pflegen musste, bis der ihr den Schwindel beibrachte. Heute gehe das schneller durch Installieren einer App ins Gehirn. Wer ist mutig genug, das zu probieren? Es meldet sich Runa.

„Runa! Wir installieren jetzt bei Dir die App QUER. Schau bitte auf meine Unter-arme." Der Zauberer hält seine Unterarme neben dem Kopf parallel senkrecht nach oben gerichtet und bittet um Ruhe. Plötzlich dreht er die wie die Striche eines Gleichheitszeichens vor das Gesicht. „Quer! Installation abgeschlossen. Du bist nun in der Lage, wenn eine natürliche Zahl vorliegt, nach ‚QUER' sofort deren „*Quersumme*" zu nennen. Diese erhält man, wenn man die Ziffern der natürlichen Zahl selbst als Zahlen auffasst und addiert. Zum Beispiel zu 25 ist 2+5=7 , somit '25 QUER' die 7. Wir testen jetzt mal, ob diese App bei Dir einwandfrei läuft:
     '14 QUER' = … ,   '6 QUER'…, '89 QUER'…, nun '17 QUER'… Prima.

Wir haben hier ein Skatspiel mit 32 Karten, in jeder Farbe jeweils 8 Stück. Ich bilde aus 8 Karten unseren *Mystery-Hügel* [der Zauberer zählt einzeln insgesamt 8 Karten auf einen kleinen Stapel]. Den Stapel der übrigen Karten hebt Runa nun bitte ab und bildet so zwei Stapel *A* und *B*. Nun zieht sie die oberste Karte des Mysterie-Hügels ab und fügt sie nach freier Entscheidung entweder *A* oder *B* hinzu. Eventuell wiederholt sie das jetzt noch einige Male – aber völlig verschwinden darf der Mysterie-Hügel nicht. Runa sollte sich vom Publikum beraten lassen, auf welchen Stapel sie die jeweilige Karte legt und wann sie aufhört. [So geschieht es.] Nun beginnt das Hellsehen.

Runa, Du wirst jetzt sagen, was für eine Karte als oberste auf dem Mysterie-Hügel liegt – es gibt acht Möglichkeiten 7, 8, 9, 10, Bube, Dame, König, Ass. Ich helfe Dir etwas. Bitte zähle, wie viele Karten in *A* liegen. [...*13*...] ,'*13* QUER' ist [...*4*...]. Wir merken uns die *4*.
Wie viele Karten sind in *B*? [...*16*...], '*16* QUER' ist [...*7*...]. Wir merken uns *7*.
Was ergibt *4+7* ? [...*11*...] #), '*11* QUER' ist [...*2*...], insgesamt *2* Hellsehpunkte!

Runa, welche Karte im Skatspiel zählt *2* Punkte? [… *der Bube* …]
Runa, nun sei mutig und sprich aus, was für eine Karte die oberste Karte des Mysterie-Hügels ist. [...*ein Bube*...] Wir sehen nach, es stimmt, Du hast es drauf!"

#)   Erklärung später

Geheimnis

Bei Bildung des Mysterie-Hügels muss eine bestimmte Reihenfolge entstehen, von oben gezählt Ass, 7, 8, 9, 10, Bube, Dame, König. Das gelingt durch Abziehen von einzelnen Karten, die in umgekehrter Folge rückenoben im Gesamtstapel liegen.

(#) Falls der Zauberer gegen Ende der Vorführung, siehe Marke #) vorige Seite, als Summe eine 10 erhält, überspringt er ausnahmsweise das folgende QUER, gibt also die 10 als Anzahl der Hellsehpunkte bekannt. Auch würde 1+0=1 zu keiner Karte passen!

Erklärung

Es sei x die Anzahl der Karten, die am Ende von den anfangs acht Karten auf dem Mysterie-Hügel liegen. Wenn man x kennt, ist auf Grund des Geheimnisses klar, was für eine Karte auf dem Mysterie-Hügel *oben ist*. Im Prinzip wird die Anzahl y der in $\mathcal{A}$ oder $\mathcal{B}$ liegenden Karten ermittelt, dann ist eindeutig $x = 32 - y$.

x	*oben ist*	y	y QUER
7	„7"	25	7
6	„8"	26	8
5	„9"	27	9
4	„10"	28	10
3	Bube	29	11→2
2	Dame	30	3
1	König	31	4

Man sieht: Auch dem 'y QUER' ist x eindeutig zugeordnet. Irgendwann hat jemand erkannt, dass es viel einprägsamer ist, von 'y QUER' gleich auf ‚oben ist' zu schließen (bei kluger Sortierung der Karten im Mysterie-Hügel !).

Nun werden in der Vorführung aber gar nicht die Kartenanzahlen a von $\mathcal{A}$ und b von $\mathcal{B}$ gebildet, dann $y = a + b$ und erst dann yQUER. Es werden aQUER und bQUER gebildet, sofort deren Summe und auf *die* noch einmal QUER angewendet. Das ist für den Trick besser, verschleiert ihn und erledigt (durch einmal mehr QUER) sogar noch 11→2. (Damit ‚einmal mehr QUER' nicht eine 10 zur 1 macht: obige geheime Sonderregelung (#).)

Aber $(a+b)\mathrm{QUER} = (a\mathrm{QUER} + b\mathrm{QUER})\mathrm{QUER}$ gilt selbst für unsere a, b mit $25 \leq a+b \leq 31$ nicht immer, siehe

Hintergrund

Zur natürlichen Zahl m>0 als *Modul* heiße $\langle n \rangle$ für jedes natürliche n die *Restklasse* der natürlichen Zahlen, die sich von n durch ein Vielfaches von m unterscheiden. Bei m=5 ist $\langle 4 \rangle$ die Menge der Zahlen, die bei Division durch 5 den Rest 4 lassen, $\langle 4 \rangle = \langle 9 \rangle = \langle 14 \rangle = \langle 229 \rangle$, *jedes* Element von $\langle 4 \rangle$ *repräsentiert* $\langle 4 \rangle$, z.B. die 14.

Zu jedem m wird für die m möglichen Restklassen $\langle 0 \rangle$, $\langle 1 \rangle$, $\langle 2 \rangle$, …, $\langle m-1 \rangle$ eine Addition $\oplus$ mit $\langle a \rangle \oplus \langle b \rangle := \langle a+b \rangle$ eingeführt, bei m=5 ist $\langle 4 \rangle \oplus \langle 3 \rangle = \langle 7 \rangle = \langle 2 \rangle$.

Im Fall m=9 kann man leicht zeigen, dass stets $\langle n \rangle = \langle n\mathrm{QUER} \rangle$ ist. Deshalb kann man bei m=9 folgern: $\langle (a+b)Q \rangle = \langle a+b \rangle = \langle a \rangle \oplus \langle b \rangle = \langle aQ \rangle \oplus \langle bQ \rangle = \langle aQ+bQ \rangle = \langle (aQ+bQ)Q \rangle$: **bei m=9 stets** $\langle (a+b)Q \rangle = \langle (aQ+bQ)Q \rangle$. Bei $25 \leq a+b \leq 31$ sind in der letzten Formel die positiven Repräsentanten auf beiden Seiten <u>meist</u> beide einziffrig, <u>da</u> erhalten wir bei m=9 das **ohne** $\langle \ \rangle$ gewünschte $(a+b)Q = (aQ+bQ)Q$. {a, b}={9, 19} ist der einzige Fall, in dem der rechte Repräsentant mehrziffrig ist (nämlich 10). Für diesen und für einige Fälle, in denen der linke Repräsentant mehrziffrig ist (10 oder 11), kann gesondert nachgeprüft werden, dass stets das im Trick benutzte $(aQ+bQ)Q$ zum Gelingen des Tricks führt (bei Beachten der geheimen Sonderregelung für $(aQ+bQ)=10$).

46 ❈ Wohin im Urlaub?

Einen von Jochen Zmeck entwickelten Hellseh-Trick mit 5 ESP-Symbolen fand ich in seinem „Handbuch der Magie". Ich modifiziere ihn hier zu einem für die Urlaubsplanung, das ausgeklügelte System der Zuordnung der neun Felder zu 6 Objekten scheint mir da weniger schnell erkennbar. (Analog könnte man z.B. kinderfreundlich 1+2+1+2+2+1 = 9 Märchenbilder zu 6 Märchen zuordnen.)

Scannen, vergrößern und drucken Sie das folgende Gebilde aus 5×5 gleich großen Quadraten, schneiden Sie es exakt aus und knicken Sie es an jeder der acht inneren Linien so vor, als wäre diese der Buchrücken eines auf dem Tisch liegenden aufgeklappten Buches – so lässt es sich bei der Vorführung sauberer falten. (Lesen Sie vor dem Ausschneiden aber erst die Trickbeschreibung zu Ende!)

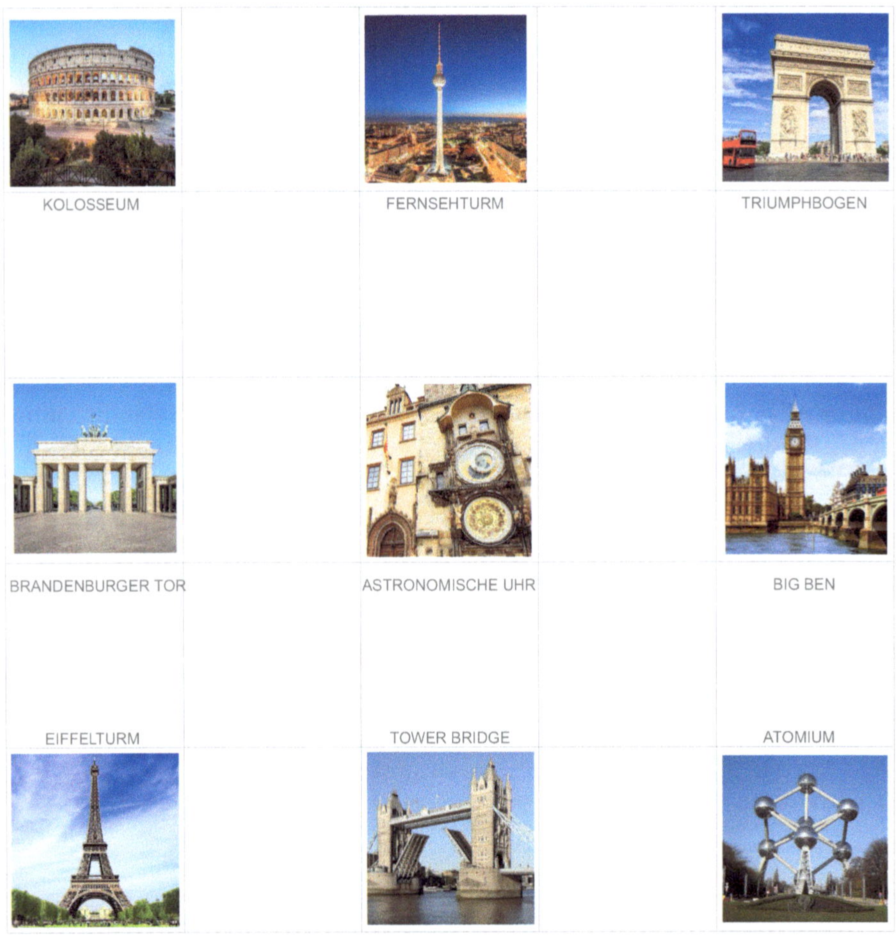

Vorführung

Der Zauberer stellt einen kleinen Souvenir-Teller bereit und dazu einen Papierbogen mit Bildern von europäischen Sehenswürdigkeiten. Dazu erklärt er: „Hellsehen gibt es natürlich theoretisch nicht. Aber damit alle sehen wie es praktisch geht, verfolgen wir jetzt mal einen Urlaubsgedanken auf seinem Weg durch diesen Raum. Wen darf ich etwas in Ferienlaune versetzen? Theo? Fein.

Ich habe hier einen Bogen mit 5×5 Feldern, auf einigen sehen wir Reiseziele. Durch Umknicken von möglichst wenigen Zeilenpaaren oder Zeilen, Spaltenpaaren oder Spalten kann man ein 3×3 – Schema mit nur noch *einem* Bild erzeugen. Wenn wir zum Beispiel [der Zauberer führt das vor] das hintere Spaltenpaar nach links, dann die oberste Zeile nach unten und die unterste Zeile nach oben knicken, haben wir das Brandenburger Tor BT."

Ko	Fe	Tr
BT	AU	BB
Ei	TB	At

$\rightarrow$

BT		

Der Zauberer gibt Theo den Bogen, wendet sich ab und erklärt, wie es weiter geht: „Theo! Bitte suche dir ein beliebiges der Bilder aus und falte den Bogen so zu einem 3×3 – Schema, dass nur noch dieses Bild sichtbar ist. Konzentriere dich auf dieses Bild... Denke stark an dieses Ziel… Ganz stark! Nun lege das 3×3 – Schema mit dem Bild nach unten auf den Tisch und platziere den Teller darauf." Der Zauberer kommt zum Tisch zurück und sieht auf den Teller.
„Dein Gedanke schwebt noch durch den Raum, Ich spüre, du hast die Stadt … [der Zauberer fügt den Namen der Stadt ein] ausgewählt! Nehmen wir den Teller weg und drehen den Bogen um: Dein Gedanke war deutlich, ich habe ihn erkannt."

Geheimnis

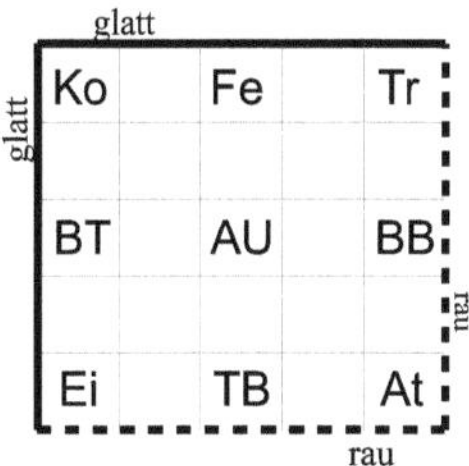

Das 5×5 – Schema wird auf eine besondere Weise „ausgeschnitten": Nur der linke und der obere Rand wird mit der Schere „*glatt*" geschnitten. Der rechte Rand (und ebenso anschließend der untere Rand) wird längs der Linie mehrfach nach beiden Seiten scharf umgeknickt und dann sehr vorsichtig abgerissen oder mit einem Messer abgesägt – der Rand wird so etwas „*rau*". Testserie machen!

Wenn das 3×3 – Schema verdeckt auf dem Tisch liegt, zählt der Zauberer genau die *nicht aus einer Falte* entstandenen Ränder des 3×3 – Schemas, aus diesen erkennt er nach nebenstehender Geheimliste die gewählte Stadt.

(Die rechte Code-Spalte ist geeignet für einen Mini-Spickzettel.)

glatt doppelt:	Rom	g2 RO
glatt einmal:	Berlin	g BE
rau doppelt:	Brüssel	r2 BR
rau einmal:	London	r LO
je 1 glatt | rau:	Paris	gr PA
keiner:	Prag	0 PR

Erklärung   (3×3 – Schema vor dem Wenden und eventuellem Verdrehen)

Kolosseum	Ko	glatt doppelt	Rom
Fernsehturm	Fe	glatt	Berlin
Brandenburger Tor	BT	glatt	
Atomium	At	rau doppelt	Brüssel
Big Ben	BB	rau	London
Tower Bridge	TB	rau	
Triumphbogen	Tr	glatt | rau	Paris
Eiffelturm	Ei	glatt | rau	
Astronomische Uhr	AU	(keine)	Prag

47 ❊ Metsukeji

Benötigt werden drei großformatige Tabellen mit jeweils den natürlichen Zahlen von 1 bis 60. Nach Angaben zum Auftreten einer vom Publikum gewählten Geheimzahl in den Tabellen benennt der Zauberer die Zahl. Das erscheint wie eine Variante von Trick 10 aus dem Vorgängerbuch - aber das Prinzip ist ganz anders.

42   Kapitel V. Ein chinesisch-japanisches Ratspiel.

← metsuke bedeutet japanisch „Auge auf etwas richten", es bezeichnet seit dem Mittelalter aber auch geheime Inspektoren

I. Tafel.

1. Spalte	2. Spalte	3. Spalte
1	2	3
4	5	6
7	8	9
10	11	12
13	14	15
16	17	18
19	20	21
22	23	24
25	26	27
28	29	30
31	32	33
34	35	36
37	38	39
40	41	42
43	44	45
46	47	48
49	50	51
52	53	54
55	56	57
58	59	60

II. Tafel.

1. Spalte	2. Spalte	3. Spalte	4. Spalte
1	2	3	4
5	6	7	8
9	10	11	12
13	14	15	16
17	18	19	20
21	22	23	24
25	26	27	28
29	30	31	32
33	34	35	36
37	38	39	40
41	42	43	44
45	46	47	48
49	50	51	52
53	54	55	56
57	58	59	60

III. Tafel.

1. Spalte	2. Spalte	3. Spalte	4. Spalte	5. Spalte
1	2	3	4	5
6	7	8	9	10
11	12	13	14	15
16	17	18	19	20
21	22	23	24	25
26	27	28	29	30
31	32	33	34	35
36	37	38	39	40
41	42	43	44	45
46	47	48	49	50
51	52	53	54	55
56	57	58	59	60

Fig. 11.

Reproduktion der Seite 42 aus dem Buch Ahrens „Altes und Neues aus der Unterhaltungsmathematik", Verlag Julius Springer Berlin 1918

Vorführung

Das Publikum sieht eine drei-, eine vier- und eine fünfspaltige Tabelle der natürlichen Zahlen von 1 bis 60 (der Zauberer wendet sich ab). Eine von den Gästen gewählte Maria bestimmt gemeinsam mit diesen durch Antippen eine Geheimzahl G zwischen 1 und 60 und teilt dem Zauberer die Nummern $\underline{d}$, $\underline{v}$ bzw. $\underline{f}$ der Spalten mit, in denen G in der $\underline{d}$rei-, $\underline{v}$ier- bzw. $\underline{f}$ünfspaltigen Tabelle steht.

Der Zauberer schließt für einige Sekunden die Augen, dann nennt er G.   [Beifall.]

Beispiel: „In der Dreiertabelle welche Spalte?". „1". „Danke. In der Vierertabelle?" „3". „Danke. In der Fünfertabelle?" „2". „Danke. Die Geheimzahl ist 7."

Geheimnis

Der Zauberer berechnet bei den „Danke" schrittweise $w := 40 \cdot d + 45 \cdot v + 36 \cdot f$. Normalerweise ist G der Rest bei Division $w / 60$, nur bei Rest = 0 ist G = 60.

Im Beispiel : $w = 40 \cdot 1 + 45 \cdot 3 + 36 \cdot 2 = \underline{40 + 135 + 72} = 247 = 240 + 7 \rightarrow G = 7$.

Bei der w-Berechnung können Vielfache von 60 sofort weggelassen werden, $\underline{40 + 15 + 12}$.

Erklärung

Maria wählt *als Grundlage* G, sie erhält *daraus* eindeutige Spaltennummern d, v, f und eindeutige Zeilennummern D, V, F für die Stellen, wo G in den Tabellen steht. Marias Zahlen erfüllen Bedingungen (diese sind damit als erfüllbar bewiesen!)

$$G = d + 3 \cdot (D-1), \qquad G = v + 4 \cdot (V-1), \qquad G = f + 5 \cdot (F-1) . \qquad \textbf{(\#)}$$

Wenn der Zauberer (zu den ihm mitgeteilten d, v, f) ganze Zahlen G^* mit $1 \le G^* \le 60$, D^*, V^*, F^* findet, die die Bedingungen erfüllen, müssen das Marias Zahlen sein:

$$G^* = d + 3 \cdot (D^*-1), \qquad G^* = v + 4 \cdot (V^*-1), \qquad G^* = f + 5 \cdot (F^*-1)$$
$$(G-G^*) = 3 \cdot (D-D^*), \qquad (G-G^*) = 4 \cdot (V-V^*), \qquad (G-G^*) = 5 \cdot (F-F^*),$$

also ist das zwischen -59 und 59 liegende $(G-G^*)$ durch 3, 4 und 5 teilbar. Es ist dann (*weil 3, 4 und 5 teilerfremd sind!*) durch $3 \cdot 4 \cdot 5 = 60$ teilbar, also 0. $G^* = G$.

Zu klären ist nur noch, *wie* der Zauberer das den d, v, f zu Grunde liegende G findet. Angenommen ein Wertesatz erfüllt die drei Gleichungen **(\#)**, dann auch

$$40 \cdot G = 40 \cdot d + 120 \cdot (D-1), \quad 45 \cdot G = 45 \cdot v + 180 \cdot (V-1), \quad 36 \cdot G = 36 \cdot f + 180 \cdot (F-1) .$$

Der Wertesatz erfüllt dann auch die Summe dieser drei entstandenen Gleichungen

$$(\underline{40 + 45 + 36}) \cdot G = \underbrace{40 \cdot d + 45 \cdot v + 36 \cdot f}_{w} + 60 \cdot [2 \cdot D + 3 \cdot V + 3 \cdot F - 8 \qquad] \quad \text{und}$$
$$\underline{1} \cdot G = \qquad\qquad + \underline{60} \cdot [2 \cdot D + 3 \cdot V + 3 \cdot F - 8 \underline{- 2} \cdot G] .$$

G unterscheidet sich von w um ein Vielfaches von 60. Mit $0 < G \le 60 < w$ ist dann G der Rest bei Division w durch 60 falls dieser positiv ist; bei Rest 0 ist G = 60.

Wie kam jemand auf die drei Faktoren 40, 45 und 36 ? Anschaulich steuerte er rechts durch 60 teilbare 120 und 180 an, um sich über $\underline{121} = 60 \cdot 2 + 1$ vor G zu freuen. Zahlentheoretiker kennen eine Theorie von den „Kongruenzen", mit der Lösungen solcher „Gleichungssysteme für ganzzahlige Variable" wie (\#) *systematisch* hergeleitet werden können. Aus dieser folgt auch: Maria kann ohne Wahl einer Geheimzahl als Grundlage einfach Spaltennummern d, v, f vorgeben – das vom Zauberer daraus berechnete G steht stets tatsächlich in diesen Spalten.

Varianten

Das Rätsel ist in Japan seit mehr als 700 Jahren und in Europa seit etwa 400 Jahren bekannt. Es wurde ursprünglich mit chinesischen Schriftzeichen anstelle der natürlichen Zahlen gestellt, es funktioniert auch mit Bildern (Kartenkunststück „Million Dollar Mystery" von DeLand 1919): Der Zauberer berechnet aus d, v, f das G wie beschrieben und noch $F := [(G-f)/5] + 1$, dann kann er in der Fünfertabelle Spalte f in Zeile F das Bild antippen sogar ohne Kenntnis seiner Bedeutung. *Eine Vorführung mit Bildern (ohne dass der Rechenhintergrund deutlich wird) macht einen wesentlich stärkeren Eindruck als mit Zahlen.*

Anregung für eine Variante: „Weltgeschichte in Personen, Bauten und Erfindungen"

Napoleon Bonaparte	Kolosseum	Erste Mondlandung	Nofretete	Opernhaus Sydney
Telefon	Johann Sebastian Bach	Golden Gate Bridge	Auto	John F. Kennedy
Pyramiden von Gizeh	Sputnik 1	Muhammad Ali		Fotokamera
William Shakespeare	Dubai: Hotel Burj Al Arab	Glühlampe	Martin Luther	Stonehenge
Reitpferd	Karl Marx	Petersplatz Rom	Metallgießen	John Lennon
Roter Platz (Moskau)	Windmühle	Marilyn Monroe	Große Chinesische Mauer	Großsegler
	Elbphilharmonie	Wachhund	Johann Wolfgang v. Goethe	Weißes Haus (Washington)
Flugzeug	Mao Zedong	Eiffelturm	Buch	Ernesto Che Guevara
Freiheitsstatue	Webstuhl	Albert Einstein	Taj Mahal	Feuerstelle
Charly Chaplin	Towerbridge		Elisabeth II. („Queen")	Akropolis
Rad für Wagen	Friedrich II. von Preußen	Maya-Tempel	Roboter	Nelson Mandela
Hagia Sophia	Tabletten	Giuseppe Verdi	Schloss Versailles	PC

48 ✳ Ein Tier ist entlaufen

Scannen Sie die folgende Abbildung und drucken Sie die zweimal DIN A4 aus - als eine Übersicht und einmal zum Ausschneiden der Tierbilder. Außerdem brauchen Sie fünf Briefumschläge (ohne Sichtfenster) und einen Zauberstab (notfalls Stift).

BILDQUELLE: Kataloge „Vogels Zoohandlung Rostock" und „Megazoo Leipzig"

Vorführung

„Säugetiere, Vögel, Fische, Reptilien, Amphibien, Insekten – fast alles gilt irgendwo als Haustier. In Deutschland darf man einen Löwen als Haustier halten. Generell verboten sind hier gegenwärtig nur 33 Tierarten, z.B. Waschbären. Ich wähle für uns mal fünf verbreitete Haustiere verschiedener Gattungen aus."

Die Zauberin zeigt nacheinander fünf Tierbilder vor und steckt jedes in einen Briefumschlag, während sie mit Betonung jeder Tierart erläutert: „Mit Abstand am häufigsten in Deutschland, etwa 14 Millionen Exemplare, ist … die *Katze*. Danach kommt dann … der *Hund*. Einen ehrbaren dritten Platz belegt … der *Papagei*. Aber immerhin etwa schon auf Platz zehn liegt … die *Schlange*. Mit gegenwärtig hohen Zuwachsraten folgt ihr … der *Frosch*. Wer möchte sich mal heimlich eines dieser Tiere als sein Haustier auswählen?" Die Umschläge (verschlossen aber nicht verklebt) liegen verstreut auf dem Tisch.   Tier stets in der Einzahl nennen, die Katze, der Hund.

Jemand von den Gästen meldet sich und erhält zur Unterstützung einen Übersichtszettel zu den fünf Möglichkeiten. Nachdem er auf diesem gewählt hat, nimmt die Zauberin den Zettel zurück und diskutiert: „Aber eines Tages, große Trauer, ist Ihnen Ihr Tier abgehauen. Sie kleben Suchbitten an Laternenmasten und Mauern usw. Ich rate Ihnen, bitten Sie eine Zauberin um Hilfe.

Passen Sie gut auf: *Denken* Sie an die *Bezeichnung* des gewählten Tieres, also Katze .... Hund .... Papagei .... Schlange .... Frosch .... [Denkpause]
Ich werde jetzt mit dem Zauberstab auf die Umschläge tippen. Wenn ich das erste Mal tippe, denken Sie an den ersten Buchstaben. Wenn ich das nächste Mal tippe, denken Sie an den nächsten Buchstaben der Bezeichnung Ihres Tieres usw. In dem Moment, wo Sie an den letzten Buchstaben denken, sagen Sie laut STOPP.“

Wenn das STOPP ertönt, lässt die Zauberin den Zauberstab einen Moment auf dem Umschlag und sagt: „Na bitte, gefunden, hier ist das Versteck. Nennen Sie Ihr Tier.“ Sie übergibt den Umschlag und lässt nachsehen – das Tier ist gefunden.

Geheimnisse

Wir *denken* uns die Umschläge mit den Zahlen 1, 2, 3, 4, 5 nummeriert, für die Zauberin bei 1, 2, 3, 4 erkennbar durch Abschneiden einer winzigen (!) Ecke des mit Klappe nach oben liegenden Umschlags, bei Nr. 5 durch Unversehrtheit an allen Ecken. Der Umlaufsinn der Ecken entspricht der beim Rechteck im Schulunterricht, $\begin{smallmatrix} 4 \\ 1 \end{smallmatrix} \boxtimes \begin{smallmatrix} 3 \\ 2 \end{smallmatrix}$.

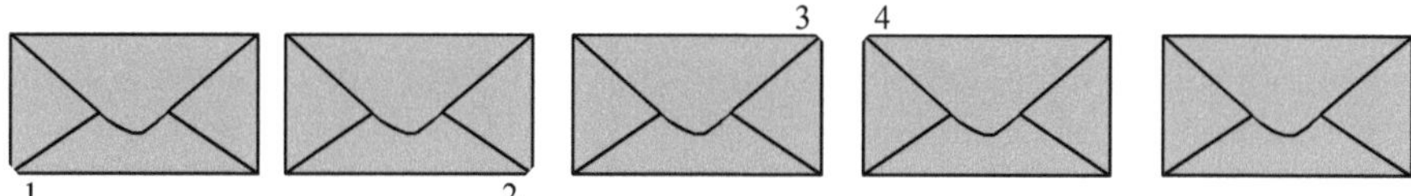

Auch die Tierbilder *denken* wir uns mit Zahlen 1, 2, 3, 4, 5 nummeriert, und zwar nach aufsteigender Buchstabenanzahl:
1 ~ HUND (vier Buchstaben), 2 ~ KATZE (fünf), 3 ~ FROSCH (sechs),
4 ~ PAPAGEI (sieben), 5 ~ SCHLANGE (acht Buchstaben) .

Die Zauberin sorgt beim Einstecken der Tierbilder dafür, dass die Nummer des Tierbildes mit der Nummer des Umschlages übereinstimmt. (Dazu sortiert sie vor Beginn die Reihenfolge der Umschläge genau so, wie sie die beim Vorstellen der Tiere nach deren Häufigkeit braucht, also 2 – 1 – 4 – 5 – 3 .)
Die Buchstabenanzahlen sollen beim Vorstellen der Tiere und Ablegen der Umschläge auf den Tisch kein Muster erkennen lassen. Auf diese Weise wird auch die Reihenfolge des anschließenden Antippens der Umschläge für das Publikum undurchschaubar. Umschläge *sofort* klappeoben auf den Tisch, später drehen wäre verdächtig!

Die Zauberin tippt auf die Umschläge in Reihenfolge 4 – 3 – 2 – 1 – 2 – 3 – 4 – 5 .

Beispiel: HUND gewählt, Tipps 4H, 3U, 2N, 1D ~ STOPP, Bild Nr. 1 gefunden.

45 ❋ WUMBA

Zu Beginn des vorigen Jahrhunderts wiesen mehrere Autoren auf ein vor allem noch in Russland verwendetes interessantes Multiplikationsverfahren hin (das aber bereits die alten Ägypter kannten). Diese „Russische Multiplikation" wird im folgenden als magische Gedankenübertragung dargestellt. Die Wirkung hängt stark davon ab, wie es gelingt, die Idee mit passenden Worten aufzubereiten – der Text unserer Zauberin soll Anregung für Ihre persönliche Variante sein.

Vorführung

Die Zauberin kündigt an: „Ich werde nun ein Experiment zur Gedankenübertragung vorführen. Benötigt werden ein Paar als Sender und eines als Empfänger."
Die Zauberin wählt Paare, um möglichst Rechenfehler (diese würden den Trick verderben) zu vermeiden.
Es melden sich Mira und Freundin als Sender, davon getrennt sitzend Pinno und Freund als Empfänger. Die Paare erhalten je einen Zettel mit Auftrag, acht Leerzeilen Platz für eine Nebenrechnung und einen Stift. Dann spricht die Zauberin:

„Es geht um WUMBA: Wahrhaft Unheimliche Mentale Berechnungs-Anomalien. Dazu schreiben jetzt bitte die Sender heimlich für sich eine positive ganze Zahl als ‚Mirakela' in die erste Zeile – nehmt eine zwischen 66 und 88, damit der Aufwand nicht zu groß wird. Die Empfänger schreiben irgendeine vierstellige Verschlüsselungs-PIN in die erste Zeile, natürlich auch geheim.

Nun startet unser Versuch. Immer dann, wenn ich ‚Senden' sage, arbeiten bitte die Sender ihren schriftlich erhaltenen Auftrag ab. Die Empfänger lauschen – nachdem sie die Nachricht verarbeiten konnten, quittieren Sie laut mit ‚rodger' [rɔdʒər].
Hallo Mira: Bitte jetzt Senden!"
Daraufhin entwickelt sich *(als Beispiel)* folgender Verlauf:

SENDER	EMPFÄNGER	ZAUBERIN
Wumba plus	rodger	Senden!
Wumba	rodger	Senden!
Wumba plus	rodger	Senden!
Wumba	rodger	Kennt jemand gleichzeitig Mirakela und PIN? … [nein]. Ich auch nicht. Senden!
Wumba	rodger	Senden!
Wumba	rodger	Kennt jemand gleichzeitig Mirakela und PIN? … [nein]. Ich auch nicht. Senden!
Wumba plus null	rodger	Ah, null. Hallo Pinno: Bitte das Ergebnis!
	139587	139587.[Wortlos sammelt die Zauberin die Zettel ein.]

Zauberin: „Jetzt verrät Pinno die PIN: [2023]. Mira nennt die Mirakela: [69]. Was ist das Produkt von beiden? [Rechner:] 139587 – niemand kannte beide Faktoren!"

Geheimnisse

Auf dem Auftragszettel für den Sender steht:

Falls Ihre aktuelle Zahl...	...ruft der Sender laut...	...und Ihre aktuelle Zahl...
1 ist	„Wumba plus null"	ist damit im Endzustand.
größer 1 und gerade ist	„Wumba"	halbieren Sie.
größer 1 und ungerade ist	„Wumba plus"	minus 1 halbieren Sie.

Auf dem Auftragszettel für den Empfänger steht:

Falls Sie...	...erhält die aktuelle Zahl...	...unter ihr angefügt die...
„Wumba" hören	keine Marke und es wird	bisher aktuelle verdoppelt.
„Wumba plus" hören	eine Marke $\oplus$ und es wird	bisher aktuelle verdoppelt.
„Wumba plus null" hören	eine Marke $\oplus$ und es wird	Summe aller $\oplus$ - Zahlen.

Im Vorführ-Beispiel (Mirakela = 69, PIN = 2023) entsteht Zeile für Zeile *getrennt für beide Seiten* ⟶

69	2023	$\oplus$
34	4046	
17	8092	$\oplus$
8	16184	
4	32368	
2	64736	
1	129472	$\oplus$
	139587	↵

Links (beim Sender) wird die Zahl immer wieder halbiert (wenn es nicht aufgeht, $\oplus$ senden und abrunden). Rechts (beim Empfänger) wird immer verdoppelt: Oben steht die PIN, dann 2·PIN, dann 2^2·PIN, dann 2^3·PIN, 2^4·PIN, 2^5·PIN, dann 2^6·PIN (für Mirakela zwischen 64 und 127 geht es stets bis 2^6).

Probe im Beispiel: 69·2023 = 139587 = 2023 + 8092 + 129472
Es wird nur halbiert, verdoppelt und addiert – das geht ohne kleines 1×1 !

Erklärung

Pfiffige Menschen nutzen eventuell aus, dass sich ein Produkt ganzer Zahlen nicht verändert, wenn man einen Faktor halbiert und den anderen verdoppelt. So kann man im Kopf ausrechnen 24·113 = 12·226 = 6·452 = 3·904 = 2712. Vielleicht haben die alten Ägypter daraus die obige Methode erfunden, für jeden Verlust durch Abrunden beim Halbieren einen Zuschlag nach Ende der Verdoppelei vorzumerken.

Heute kennt man Stellensysteme für die Zahlendarstellung, damit kann man das „russische" Verfahren und unseren Trick leicht durchschauen: Wir stellen Mirakela durch Zweierpotenzen dar, $69 = 1·2^6 + 0·2^5 + 0·2^4 + 0·2^3 + 1·2^2 + 0·2^1 + 1·2^0$, also ist $(69)·(PIN) = 2^6·PIN + 2^2·PIN + 2^0·PIN$ die Summe aller $\oplus$ - Zahlen im Schema.

Von unten nach oben verrät $\oplus$000$\oplus$0$\oplus$ mit 1 statt $\oplus$ per Dualdarstellung die 69 und somit die linke Spalte *stückweise* in das Gesamtschema. Dieses ist genau das übliche für die „Russische Multiplikation" von 69 mit 2023.

50 ✳ Kleiner Flirt zweier Seile

Erstens benötigen wir irgendein etwa 2 m langes glattes schmiegsames Seil mit etwa 5 mm Durchmesser. In den folgenden Erklärungen und Abbildungen wird es als „rot" bezeichnet. Zweitens benötigen wir ein ebensolches aber nur etwa 80 cm langes als „blau" bezeichnetes. An seine Stelle könnte auch ein glatter dünner Schal treten oder ein feines quadratisches Tuch (z.B. ein Kopftuch), längs einer Diagonale zu einem Strick gedreht (zwischen Ecken wie ein Sprungseil gewirbelt).

Vorführung

Jeder möge prüfen, bevor er sich ewig bindet. Das gilt auch in der Welt der Seile. Die Zauberin bittet zwei Personen, sich in Armlängeabstand gegenüber zu stellen, von einem roten 2-m-Seil mit der linken Hand jeweils ein Ende zu fassen und während der Darbietung *nie* los zu lassen. Mit dem jeweils rechten Zeigefinger mögen sie einen „Haken" bilden, so dass die Zauberin in Hüfthöhe das rote Seil wie ein (von der Zimmerdecke aus) Z drapieren kann, siehe linke Abbildung:

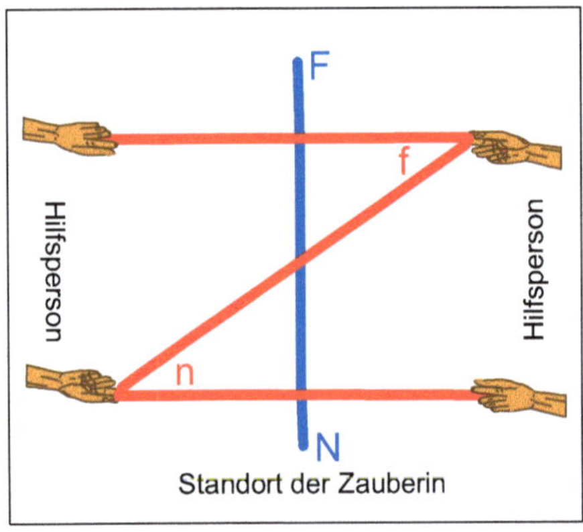

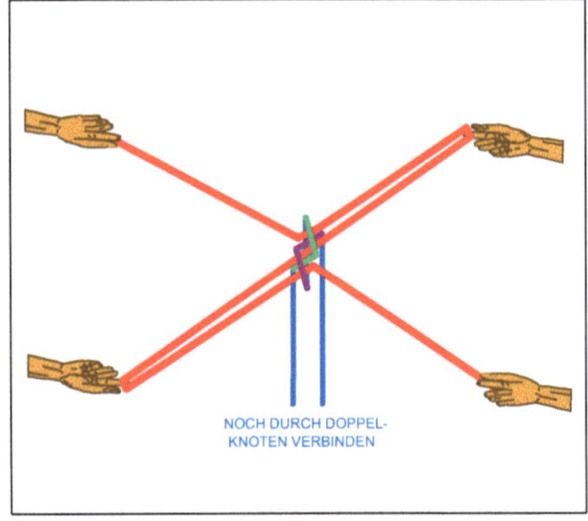

Aus Sicht der Zauberin entsteht ein naher roter Winkel n und ein ferner f. Sie hält das blaue Seil unter die drei Anteile des roten, führt seine Enden über diesen zusammen und bindet dort einen einfachen Knoten. Dadurch werden die roten Anteile zusammengezogen, die Winkel n und f werden zu Schlaufen.
Die freien Enden des blauen Seils werden von oben durch die Schlaufen gesteckt und unten mit einem Doppelknoten fest verbunden. Die Zauberin hält eine Hand unter das rot-blaue Knotengebilde und die andere darüber, um so den Flirt der beiden Seile beim Schweben magisch abzusichern.

Die beiden Helfer sollen nun das rote Seil straff ziehen, dabei gleichzeitig die rechten Zeigefinger aufeinander zu bewegen und schließlich das Seil ganz von den Zeigefingern gleiten lassen. Trotz der vielen Knoten und Verschlingungen löst sich das blaue Seil vom roten! Dieser Flirt führte noch nicht zur Verbindung für immer.

Geheimnis

Alles funktioniert von selbst, wenn man bei dem ersten Knoten präzise vorgeht:

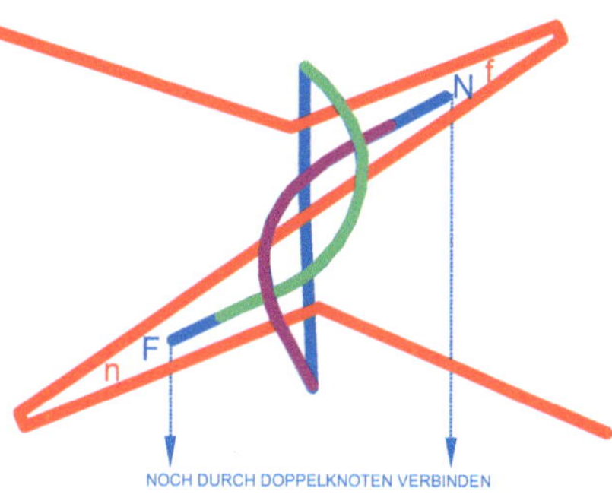

♦ Mit dem blauem Seil einen **Bogen** bilden, indem man mit dem Nahende N auf f zielt.

♦ Dann das Fernende des blauen Seils F zuerst über diesen Bogen bringen und dann mit F unter dem Bogen durchgeschlängelt auf n zielen. Dann den Knoten festziehen.

♦ Entsprechend dem „Zielen" die freien Enden F durch die Schlinge n bzw. N durch die Schlinge f nach unten einfädeln.

Dieses Rezept funktioniert auch, wenn man statt des Z ein Ƨ gebildet hat, aber der Knoten sieht dann anders aus.

Beim Bilden des Doppelknotens kommt es nicht auf den genauen Seilverlauf an.

Erklärung

Vom vorigen Bild ausgehend kann man verfolgen, was beim "Straffziehen" des roten Seils durch die Hilfspersonen mit den beiden Schlaufen f und n geschieht:

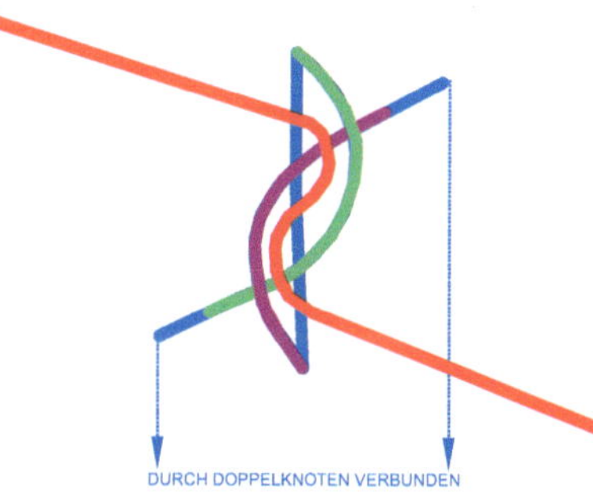

Die Schlaufen werden kleiner, sie gleiten auf den zum Doppelknoten führenden Abschnitten des blauen Seils aufeinander zu.

n zwängt sich unter dem Bogen hindurch, f bleibt oben auf diesem Bogen, aber zwängt sich unter dem in der Abbildung grün gezeichneten Teil des blauen Seils hindurch.

Damit entsteht die in der nebenstehenden neuen Abbildung gezeichnete Situation.

Hier sieht man: Das rote Seil verläuft (von der Zimmerdecke aus gesehen) oberhalb aller vom blauen Seil gebildeten anderen Teile des Gebildes. Nach seiner endgültigen Straffung bildet das rote Seil eine gerade Linie; das blaue Seil fällt (wenn es die Zauberin nicht auffängt) auf den Fußboden, es enthält nach wie vor den anfangs gebildeten einfachen Knoten und den später gebildeten Doppelknoten.

[Wenn die Knoten (die ja nur zur besseren Erkennbarkeit in den Abbildungen gelockert eingezeichnet sind) durch Oberflächenrauheit eventuell etwas am roten Seil haften bleiben, zupft sie die Zauberin am blauen Seil nach unten.]

51 ✳ Bodyguards bewachen Knopfloch

Benötigt werden eine etwa 10m lange knotenfreie eher etwas steife 2mm-Schnur und eine Abdeckung (Wandschirm, Tisch mit überhängender Decke), hinter die sich ein sportlicher Zuschauer kurzzeitig hinhocken kann (am besten dafür ist eine Tür zu einem Nachbarraum). Der Zuschauer habe eine Jacke mit einem stabilen Knopfloch an (Jacket, Sakko, Weste, Mantel, Strickjacke…). Ferner wirbt die Zauberin aus dem Publikum zwei Helfer zum Halten der Schnur.

Notfalls als „Knopfloch": ein Ärmel eines robusten kurzärmeligen Kleidungsstücks oder ein angelegter Gürtel.

Vorführung

Die Zauberin bittet einen Zuschauer mit knöpfbarer Jacke zu sich: Bodo. Sie lobt deren hohen modischen oder nostalgischen Wert und bestimmt, dass diese durch zwei Wächter vor dem Verschwinden des Trägers mit ihr gesichert werden muss. Die Zauberin postiert zwei Gäste links und rechts von der Jacke.

Dann bildet die Zauberin in der Mitte einer langen Schnur eine kleine Öse, schiebt diese durch ein Knopfloch der Jacke, zieht anschließend die beiden Hälften der Schnur bis zum Anschlag durch diese Öse und gibt den zwei Wächtern aus dem Publikum je ein Ende zum Festhalten. Sie sollen sich ständig etwa drei Meter von der Jacke entfernt aufhalten. Es ist zu hoffen, dass die Jacke so gut gesichert ist.

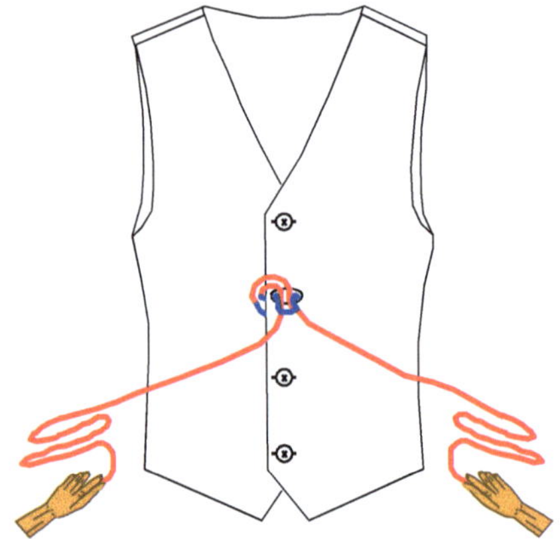

Zum Test führt die Zauberin den Bodo und seine Bodyguards an eine Stelle, wo er vom Publikum und möglichst auch den beiden Wächtern nicht genau beobachtet werden kann. Bodo möge bitte kurz in die Hocke gehen. Sie beugt sich zu ihm und ermutigt ihn zur Suche nach einer Entfesselung. Kurz danach taucht Bodo samt Jacke (mit unversehrtem Knopfloch) wieder auf. Auch die von den beiden Wächtern ständig festgehaltene Schnur ist noch ganz.

Geheimnis

In die von *hinten* durch das Knopfloch geschobene „Öse" wurden die Seilenden *von oben nach unten* geführt. Stumme Hinweise ermöglichen die Entfesselung:
Die Öse wird nach vorn gezogen bis zur Größe wie bei einem Sprungseil. Dieses wird über den Kopf nach *hinten* bis auf den Fußboden geführt – dann steigt der Zuschauer mit einem Rückwärtsschritt durch die Öse. Nun wird die Schnur an den zu den Wächtern führenden Teilen nach vorn aus dem Knopfloch gezogen.

Erklärung

Im rechten Bild befindet sich die Stelle S der Öse schon hinter Bodos Kopf. Wenn man sich dann S bis zum Boden abgesenkt denkt, liegt bei X die Öse nicht mehr vor dem durch das Knopfloch gezogenen Teil der Schnur.

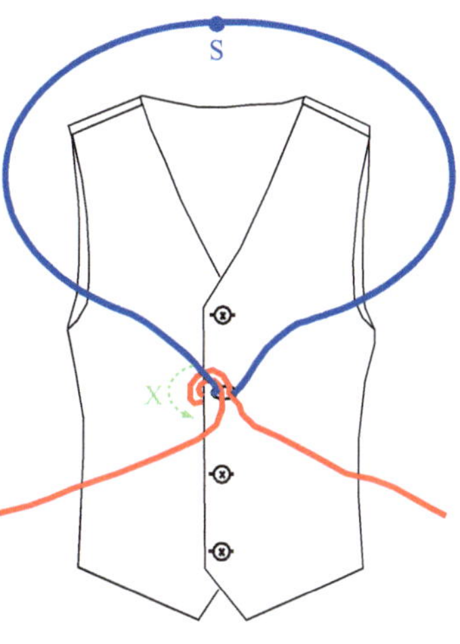

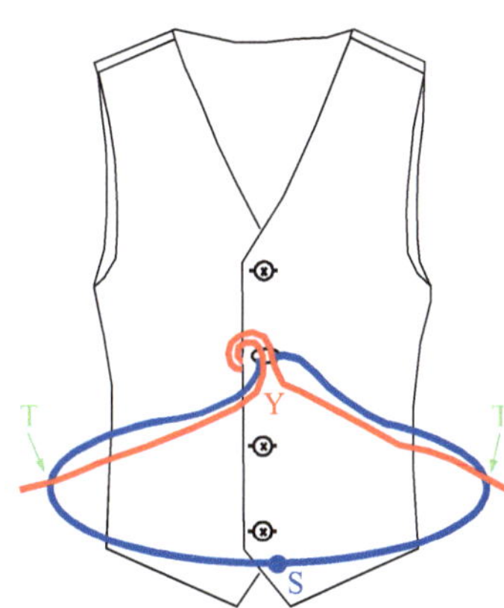

Wenn S anschließend auf dem Boden *vor* die Füße Bodos kommt und dann nach oben geführt wird (linkes Bild), befindet sich S vor Bodos Jacke, aber hat natürlich nicht die zu den beiden Wächtern führenden Schnurteile überquert (siehe T im Bild). Zieht man an der Schnur bei Y in Richtung der Wächter, wird die Öse in das Knopfloch und schließlich frei gezogen.

Varianten

Anstelle des Knopflochs verwendet die Zauberin einen Ring mit etwa 20 cm Durchmesser, den sie sich vor den Körper hält. Die „Öse" wird so vergrößert, dass man den Ring durch diese stecken kann. (Das ist natürlich leichter zu durchschauen, als wenn ein Mensch mit Jacke durch eine Schnuröse kriecht...)

Wirkungsvoller ist die „Entfesselung einer Schere" (siehe die Abbildungen unten), diese kann zunächst jemandem aus dem Publikum als Knobelaufgabe gestellt werden.

Hier gibt es eine zusätzliche gedankliche Hürde: Die „Öse" muss zuerst noch durch das zweite Fingerloch der Schere gesteckt werden, bevor man die Öse so vergrößert, dass man die gesamte Schere hindurch stecken kann.

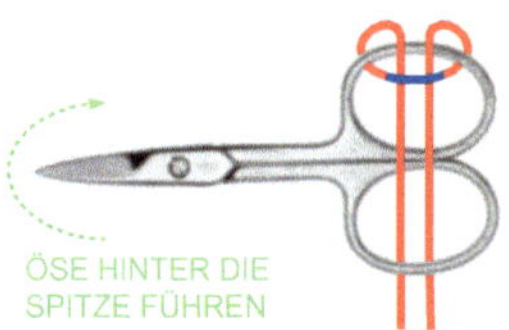

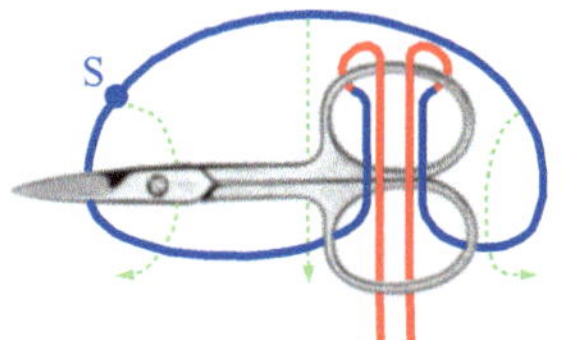

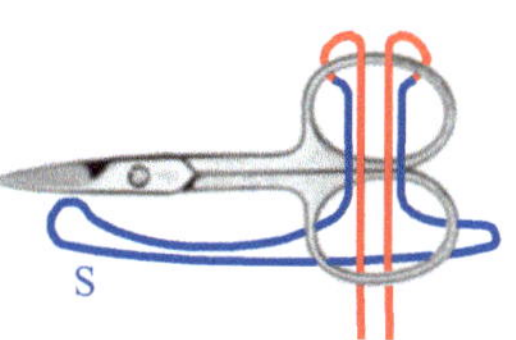

52 ❈ Fesselung am Polterabend

Dieser uralte Trick ist geeignet, beispielsweise die feste Verbundenheit eines Braut-
paares (oder Gangsterduos, zweier bester Freundinnen, ...) darzustellen oder auch
eine kurzzeitige Freistellung von dieser.
Erlernen Sie eine Methode, am Ende eines
Seils eine solche Schlinge zu knoten, die sich
straffziehen aber nicht zu leicht lockern lässt.
Videoanleitung im Internet, Suchwort „Höhlenknoten". ▪)

Vorführung

Die Zauberin verbindet durch ein Seil mit
Schlaufen um die Handgelenke die beiden
Arme einer Person zu einem „Kreis". Analog
bei einer zweiten Person so, dass die beiden Kreise „verkettet" miteinander sind,
die nebenstehende Skizze zeigt die Situation. Zumindest die vierte Schlinge wird
erst *nach* der Verkettung vor dem Publikum um das Handgelenk gelegt und festge-
zogen [Diese Verkettung per Umkehrtrick herbeiführen verriete den Trick!].

Die beiden Personen sollen nun versuchen, sich voneinander zu lösen, ohne eine
Hand durch eine „Handschelle" hindurch zu zwängen. Sie schaffen das nicht.
Die Zauberin schafft das in nur wenigen Sekunden, wobei sie die Manipulation
möglichst vor dem Publikum verbirgt (sie und das Paar verdecken das Geschehen
mit ihren Rücken oder hinter einem Wandschirm – wenn ein großes Tuch über
allem liegt, erkennt vielleicht nicht einmal das Paar selbst den Trick).

Geheimnis

Trick: Im *oben liegenden* („roten") Seil eine Öse bilden, diese *oben* in eine „blaue"
Handschlaufe stecken, um die Hand herum auf die andere Handseite bringen und
dann aus der Schlaufe heraus. „Kurzfilm" in sechs Momentaufnahmen:

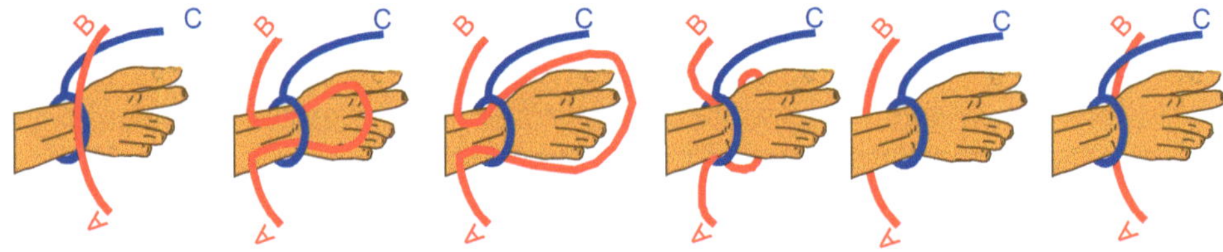

Umkehrtrick: Lässt man diesen Kurzfilm rückwärts ablaufen, so bringt man einen
wie im Trickergebnis unverkettet *vollständig unten (!)* liegenden roten Kreis nach
oben in die verkettete Lage wie in der Abbildung am Anfang dieser Seite.

Erklärung und Varianten

Es ist naheliegend, das mit Bewegungen eines massiven blauen Rings und eines massiven roten Rings vergleichen zu wollen, wo es wirklich nur *einen* verketteten und einen unverketteten Zustand gibt und die sind nicht „mit Durchdringung" ineinander überführbar.

Das für etwa 50 € im Zauberhandel erhältliche „Chinesische Ringspiel" scheint eine solche Durchdringung zu ermöglichen, aber bei diesen Requisiten ist ein Ring nicht massiv, sondern mit einem Durchlass versehen.

1. Die beiden „Ringe" bei obiger Vorführung sind aber nicht massiv. Jeder von beiden hat an zwei Stellen (an den Handgelenken) einen Durchlass – der Trick zeigte, wie man ein massives Seilstück hier „durch" den anderen Ring bringen kann.

Trick:
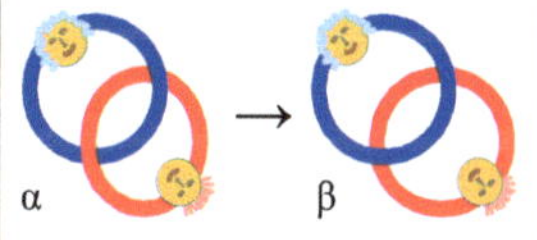
Umkehrtrick:
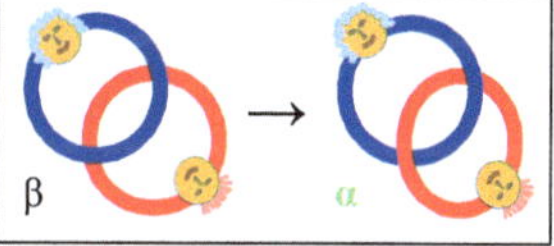

2. Achtung, unsere „Ringe" haben Gesichter – dadurch gibt es zwei qualitativ verschieden verkettete Zustände α und γ (in den Abbildungen ganz rechts).

Von β aus kann man den unten liegenden roten Ring nach oben nehmen und kommt so zu δ (ebenfalls unverkettet, zwischen β und δ zu wechseln ist kein Problem). Wendet man auf δ wörtlich den Trick an, so kommt man zu γ .

einfache
Bewegung:
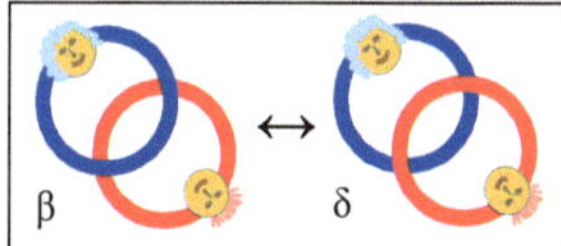
Trick:
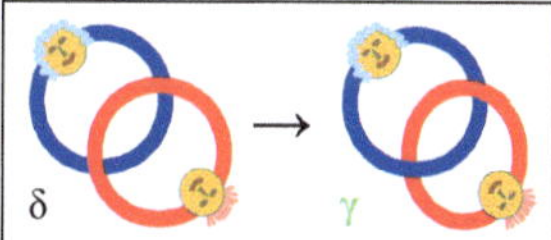

Ein Übergang von α zu γ ist nicht mit nur *einer* Durchdringung möglich, er kann beispielsweise aus α → β, β → δ, δ → γ zusammengesetzt werden. Freilich gilt generell: Für das Fesseln und Entfesseln gibt es viele Varianten, man hat ja vier Durchlassstellen zur Verfügung und kann die für die für die Erläuterung benutzten Farben auch vertauscht lesen. Wer das im „Kurzfilm" beschriebene „Prinzip Öse" im Wesen verstanden hat, realisiert letztlich stets die gleiche Grundidee.

3. Weitere Varianten entstehen in Abhängigkeit von der Länge der Seilstücke und der Gelenkigkeit der Personen. Kann eine Person durch einen Ring steigen? Sind Fesselungen hinter dem Rücken einer Person einzubeziehen?

Metallene Handschellen (statt der Seilschlingen) für Partyzwecke sind schon für unter 5 € pro Paar erhältlich, für den Trick muss man deren Verbindung verlängern.

■) vier Momentaufnahmen bei der Bildung des „Höhlenknotens" [aus WIKIPEDIA] :

freies
Ende
nach
links
durch-
stecken:

53 ❀ Ein Knotenwunder als Zugabe

Lesen Sie zur Vorbereitung Trick Nr. 52 . Wenn man wie dort einen Zuschauer mit Handfesseln ausgestattet hat, kann man Nr. 53 als Zugabe zeigen. Diese ist so ähnlich und genau so leicht wie Trick 52 vorführbar, aber während eine geschickte Hausfrau den Trick 52 herausbekommen kann, ist die Zugabe ein „Wunder".

Vorführung

Die Zauberin arbeitet mit einem Model Knotifix. Sie hat dieses mit einem etwa einem Meter langen Seil und zwei Handschlaufen gefesselt. Die Zauberin fragt, ob es jemand für möglich hält, mitten auf dieses Seil einen echten Knoten zu bringen. Sie lässt das diskutieren oder gar versuchen, es scheint unmöglich zu sein. Schließlich macht sie (zum Publikum etwas abgedeckt durch die Körper von Knotifix und sich selbst) einige Handgriffe, und ein Knoten ist da.

Es kann jemand versuchen, diesen wieder rückgängig zu machen – ziemlich aussichtslos, selbst für den Zeugen Knotifix. Die Zauberin beendet die Vorführung durch Abnehmen der beiden Handschlaufen (wenn diese wie in Nr. 52 vorgeschlagen mit dem Höhlenknoten erzeugt sind, so lassen sich die Schlingen etwas aufweiten). Das Seil mit dem Zauberknoten kann vom Publikum untersucht werden.

Geheimnis

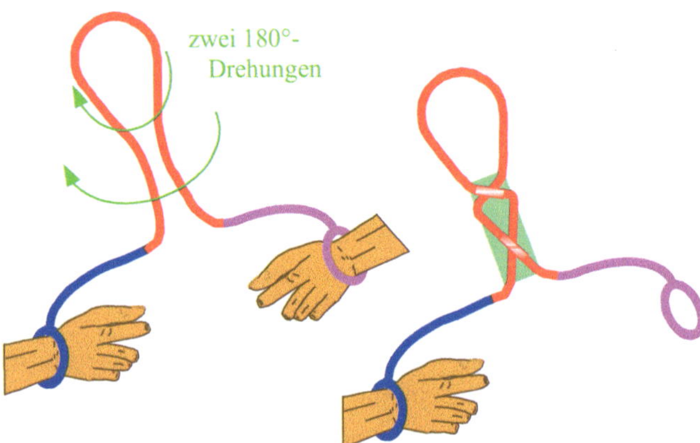

In der Mitte des Seils wird eine Öse gebildet und durch zwei 180°-Drehungen (wie beim Zuschrauben) zu einer „Stiel-Öse" verändert. Diese wird wie in Trick 52 so weit durch eine Handschlaufe gezogen, dass sie auf der anderen Handseite zurück gezogen werden kann, und dann zwischen den beiden Handschlaufen platziert (siehe Abbildungen auf nächster Seite oben). Abschließend schrumpft beim Straffziehen des Seils die Stiel-Öse ganz von selbst zu einem Knoten zusammen. Der „Stiel" ist nur für die Abbildung grün hinterlegt.

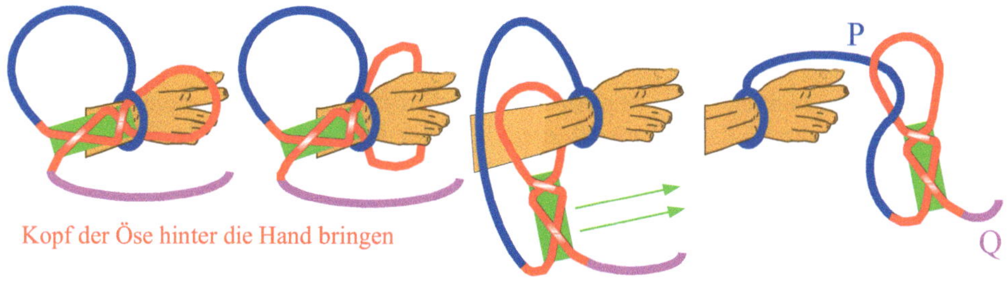

Erklärung und Varianten

Die entstandene Verschlingung wird beim „Straffen" zu einem echten „*Knoten*" zwischen den Stellen P und Q : Zuerst bewegen wir in der Abbildung P und Q im Uhrzeigersinn um die Mitte, dann ziehen wir P und Q von der Mitte weg. Es entsteht ein „*Achterknoten*".

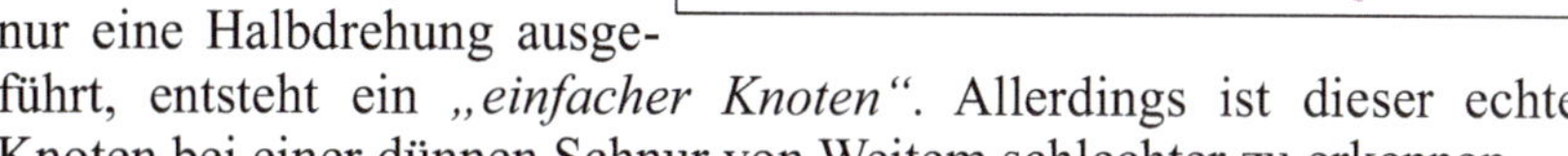

Variante „*einfacher Knoten*": Wird bei der Vorführung anstelle der zwei Halbdrehungen der Öse nur eine Halbdrehung ausgeführt, entsteht ein „*einfacher Knoten*". Allerdings ist dieser echte Knoten bei einer dünnen Schnur von Weitem schlechter zu erkennen.

Variante, die auf einen unübersichtlichen größeren (ebenfalls echten) Knoten führt: Wenn anstelle der zwei Halbdrehungen der Öse drei Halbdrehungen ausgeführt werden.

Hintergrund

Im Alltag werden alle Verschlingungen von Seilen „Knoten" genannt, aber es gibt qualitative Unterschiede. Bei einem Seil mit zwei offenen Enden lässt sich jede Verschlingung zerstörungsfrei lösen. Dagegen kann es auf einem abgeschlossenen Seilabschnitt von einem Punkt P zu einem Punkt Q (das kann, wenn mit Q wieder P erreicht wird, ein Seilkreis sein) auch „echte Knoten" geben, die sich in dem Abschnitt ohne Zerstören des Seils nicht beseitigen lassen. Verschlingungen, die keine echten Knoten sind, heißen Scheinknoten – die Entscheidung welcher Fall vorliegt kann sehr schwierig sein. Auch Scheinknoten können nützlich sein.

Die Theorie der Knoten ist ein Teilgebiet der mathematischen Disziplin *Topologie*. Zugleich gibt es einen großen praktischen Erfahrungsschatz z.B. bei Seglern und Bergsteigern. Bei Wikipedia gibt es eine Liste von weit über 200 gebräuchlichen Scheinknoten/Knoten mit unterschiedlichsten Eigenschaften.

54 ❋ Tücher flattern davon

In „Zaubertricks" des Meisterzauberers Merlin, Falken-Verlag 1989, fand ich neben vielen Fingergeschick und Supertraining erfordernden Tricks auch diesen für unsere Sammlung (wenig Manipulation, Wunder geschehen von selbst). Benötigt werden zwei etwa 1,5 m lange schmiegsame Seile, drei Tücher und etwas Frechheit.

Vorführung

Der Zauberer hält in der einen Hand zwei Seile und ein schwarzes Tuch, in der anderen ein rotes und ein blaues Tuch. „Ich suche für das *blaue* Tuch einen *Helfer*, für das *rote* eine *Helferin*. Sie können auch tauschen, bis vor hundert Jahren war genau die umgekehrte Zuordnung üblich." Der Zauberer übergibt die beiden Tücher und bindet mit dem schwarzen einen Knoten um die Mitte der beiden Seile. Dann bittet er, in gleicher Art das rote Tuch auf der einen und das blaue auf der anderen Seite um die beiden Seile zu binden. Mit je einem Seilende von jeder Seite bindet er einen einfachen Knoten über den Tüchern und gibt die Enden zurück.

Der Seilkoten bei X ist stark aufgelockert gezeichnet.

„Ich zähle bis drei, dann ziehen Sie bitte ruckartig an den Enden. Eins, zwei, drei!". Die Hilfspersonen halten die straffen Seile, die Tücher fallen zu Boden. „Danke."

Geheimnis und Erklärung

Die beiden Seile sind anfangs in der Mitte geknickt und mit einem Zwirnsfaden aneinander geheftet. Die Heftstelle verbirgt der Zauberer beim Auftritt mit der Hand und dann bald mit dem schwarzen Tuch. Alles weitere geht von selbst.

Die Heftstelle darf nicht vorzeitig belastet werden. Bevor er die Seilendenpaare übergibt, fasst der Zauberer für das Aufbinden der Tücher die Seile bei A und B bzw. bei C und D. Der Zwirn darf aber auch nicht zu reißfest sein.

Beim Durchdenken der Geschehnisse sollte man nicht die Rolle des einfachen Seilknotens am Schluss übersehen. Bei einem „normalen" Bilden des Knotens passiert es völlig natürlich (aber soll nicht auffallen), dass jede Hilfsperson ein anderes Seilende zurück erhält, als sie vorher hatte. Das ist entscheidend dafür, dass nach dem Trick beide Seile von der einer Person zur anderen Person führen.

55 ✸ Woher kamen die Tiere?

Das ist eine höhere Ausbaustufe des vom weltbe-rühmten Trickerfinder Bob Hummer (1906-1981) stammenden „Politicians Puzzle". Im Prinzip genügt als Spielplan ein auf eine Spitze gestelltes Schach-brett, zwölf Felder mit je einem Chip markiert. Die Abbildung schlägt eine besser zur Geschichte pas-sende Ausstattung vor. Wenn <u>später</u> je drei der Chips rückseitig das zur Startecke passende Tier zeigen (Eisbär, Koala, Pinguin, Puma), freut sich das Publi-kum mehr als bei unverzierten Damesteinen.

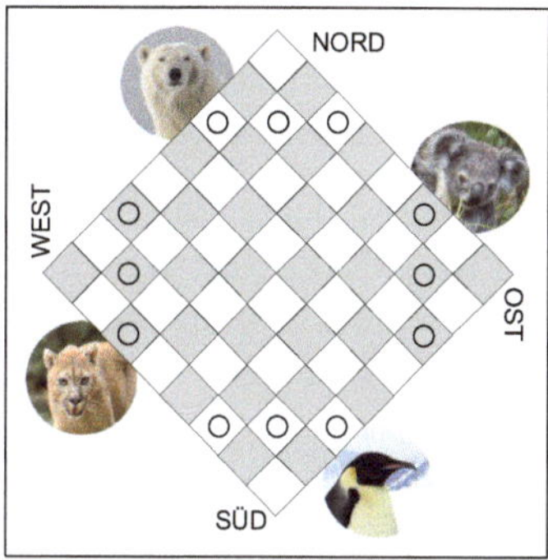

Vorführung

Der Zauberer stellt als Spielbrett ein auf der Spitze stehendes Quadrat mit 8×8 Kästchen vor und benennt die Brettecken mit Nord, West, Ost, Süd. Je drei Kästchen in Eckennähe sind markiert, auf diesen liegen gleichfarbige Chips, die auf der Unterseite eine Information tragen und deshalb vorerst nicht gewendet werden.

Der Zauberer gewinnt einen Mitspieler, lässt dessen Vornamen und Namen nennen und leitet aus der Buchstabenanzahl als Zufallselement eine Schrittanzahl S ab. Nachdem sich der Zauberer vom Spielbrett abgewendet hat, soll der Mitspieler nacheinander irgendwelche drei der vier Chipgruppen (ohne Chips zu wenden) vom Spielfeld entfernen. Dann erklärt ihm der Zauberer Satz für Satz:

„Sie haben drei Tiere einer Art, die sich schrittweise verteilen sollen. Ein *Schritt* bedeutet den Wechsel in das entweder genau nördliche, westliche, östliche oder südliche Nachbarfeld – die Richtung bestimmen Sie. Jedes Tier kann auch mehrere Schritte nacheinander machen, aber in jedem Zeitabschnitt soll die Gesamtschritt-anzahl der drei Tiere S sein. Das machen Sie jetzt bitte über so viele Zeitab-schnitte, bis Ihnen die Tiere gut verteilt erscheinen. Dann holen Sie mich zum Spielfeld und ich versuche zu erkunden, aus welcher Ecke die Tiere gestartet sind."

Entsprechend benennt dann der Zauberer *erst* die Startecke der Tiere, dreht *dann* die Chips um und findet es passend, dass aus <u>dieser</u> Weltecke <u>diese</u> Tiere kamen.

Geheimnisse

Die Gesamtschrittzahl S muss eine <u>gerade</u> Zahl sein. Wählen Sie, falls die gerade ist, die Buchstabenanzahl des Mitspieler-Vornamens. Anderenfalls versuchen Sie es mit der des Nachnamens. Spätestens klappt es mit der des „Gesamtnamens".

Wenn die Tiere am Schluss auf hellen Feldern stehen, kamen sie aus Süd oder Nord. [Merkregel: Wo die Eckkästchen hell sind. *So ist das Quadrat gelegt!*]
Wenn die Tiere am Schluss auf dunklen Feldern stehen, kamen sie aus Ost oder West. [Merkregel: Wo die Eckkästchen dunkel sind.]

Hauptgeheimnis im „hellen" Süd-oder-Nord-Fall (siehe Abbildung): Mustern Sie die jeweils 8 Felder zwischen zwischen ② und ②, ④ und ④, ⑥ und ⑥, ⑧ und ⑧ [Merkregel: Schrägreihen, die links unten mit einem hellen Feld beginnen]. Wenn die Anzahl der Tiere auf diesen 32 *Entscheidungsfeldern* <u>gerade</u> ist, kamen sie von Süd - anderenfalls von Nord. (0 ist eine gerade Zahl.)
Hauptgeheimnis im „dunklen" Ost-oder-West-Fall: Mustern Sie die jeweils 8 Felder zwischen ❷ und ❷, ❹ und ❹, ❻ und ❻, ❽ und ❽   [Merkregel: Schrägreihen, die rechts unten mit einem dunklen Feld beginnen]. Wenn die Anzahl der Tiere auf <u>diesen</u> 32 *Entscheidungsfeldern* <u>gerade</u> ist, kamen sie von Ost - anderenfalls von West.

Erklärung

Ein gerades S ist offensichtlich stets zu erreichen. Falls weder Vorname noch Nachname eine gerade Buchstabenanzahl haben, ist die des Gesamtnamens die Summe zweier ungerader Zahlen und somit gerade.

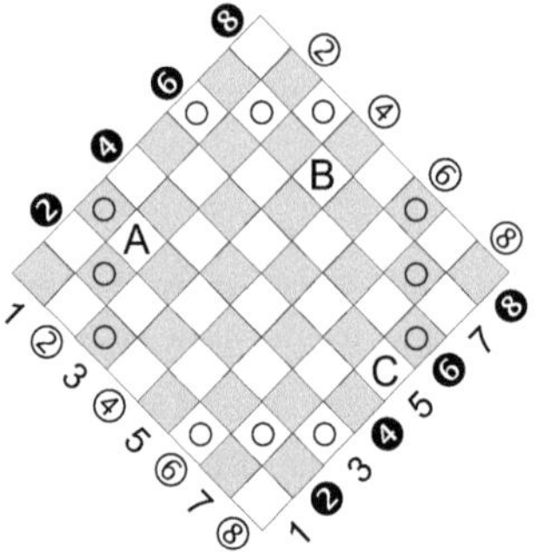

Steht ein Tier auf einem hellen Startfeld, so führen alle seine Schritte nur über helle Felder. Man kann also von der Farbe am Schluss auf die beim Start zurück schließen, helle Startfelder gibt es in Süd und Nord. Analog für dunkle Felder mit Ost und West.

Erklärung für das Hauptgeheimnis: Wenn ein Tier einen Schritt macht, führt dieser entweder von einem Entscheidungsfeld auf ein Nicht-Entscheidungsfeld oder umgekehrt. Mit jedem Schritt eines Tieres schlägt also die Anzahl der auf Entscheidungsfeldern stehenden Tiere von gerade auf ungerade um oder umgekehrt. Da (nach der Festlegung des S) insgesamt geradzahlig viele Schritte erfolgen, schlägt somit die Gesamtzahl aller auf Entscheidungsfeldern stehenden Tiere geradzahlig oft um – ist also am Schluss wieder gerade, wenn sie am Start gerade war (beziehungsweise am Schluss wieder ungerade, wenn sie am Start ungerade war). Somit kann man am Schluss ermitteln, ob sie am Start gerade oder ungerade war – und die beiden zunächst noch denkbaren Startaufstellungen unterscheiden sich darin!

Beispiel: In der Abbildung stehen am Schluss drei Chips auf den Feldern A, B und C. Da das helle Felder sind, liegt der Süd-oder-Nord-Fall vor. Entscheidungsfelder sind die jeweils acht Felder zwischen ② und ②, ④ und ④, ⑥ und ⑥, ⑧ und ⑧. Alle Chips stehen auf Entscheidungsfeldern, also <u>drei</u> Stück – das ist eine *ungerade Anzahl.* Die Tiere starteten im <u>Norden</u> – unsere Chips tragen auf der Unterseite Eisbären – das passt.

Das illustriert auch die „Erklärung": Ebenfalls eine *ungerade Anzahl,* nämlich <u>eines</u> der <u>nördlichen</u> Startfelder ist Entscheidungsfeld. Bei den südlichen: zwei.

Varianten

Bei einer Vorführung mit unverzierten Chips kommt man mit drei Stück aus: Der Mitspieler kann (der Zauberer hat sich schon abgewandt) frei entscheiden, in welchen der Startbereiche er sie am Anfang setzt.

Die Spielfläche muss nicht aus 8×8 Feldern bestehen, statt 8 kann eine beliebige gerade Zahl ab 6 gewählt werden (mit ungeraden Zahlen geht es nicht, da hätten alle Eckkästchen die gleiche Farbe, man dürfte nur entweder Süd-Nord-Start oder Ost-West-Start erlauben).

In der folgenden Abbildung sieht man ein handelsübliches Halma-Spielfeld, 16×16.

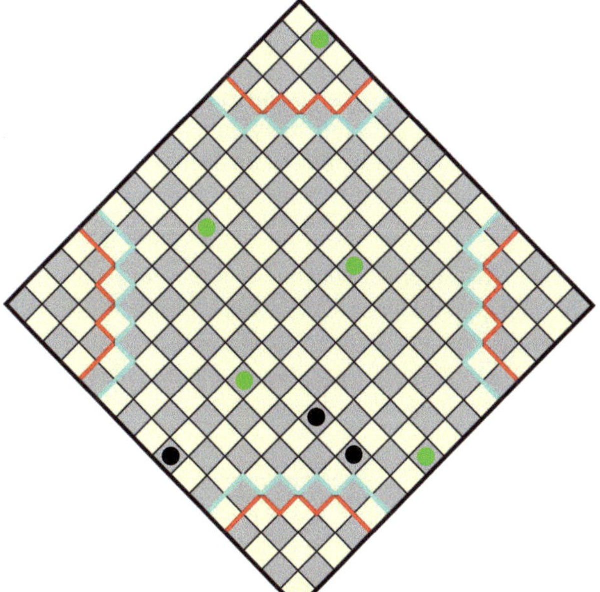

Beispiel mit 3 schwarzen Chips ● : Ost oder West, da auf dunklen Feldern.
<u>2</u> Chips auf Entscheidungsfeldern, <u>gerade,</u>
also von Ost gekommen.

Man kann z.B. auch mit Fünfergruppen spielen, 5 Startfelder jeweils an der blaugrünen Linie zur Mitte

Beispiel mit 5 grünen Chips ● : Ost oder West, da auf dunklen Feldern.
<u>3</u> Chips auf Entscheidungsfeldern, <u>ungerade,</u>
also von West gekommen.

Die Bedingung „S gerade" ist unnötig, wenn man den Mitspieler nur nach jeder geraden Anzahl von Zeitabschnitten entscheiden lässt, ob er Schluss machen will.

56 ❋ Münzentreppe

Zeichnen Sie als Spielfläche ein Quadrat mit 7×7 untereinander gleichen Teilquadraten, so dass in jedes Teilquadrat eine Münze passt. Die sieben Diagonalfelder und die sechs Felder unmittelbar über diesen werden durch Einfärbung oder Schraffur als eine „Treppe" hervorgehoben. Ferner benötigen Sie 49 Münzen (die sollten keineswegs einheitlich sein, ich nehme 2-, 5-. 10-, 20- und 50-Cent-Münzen), jede hat eine Seite „Zahl" und eine Rückseite (Wappen, Kopf, Bauwerk, Symbol, ...), die ich hier „Wappen" nenne. Putzen Sie die Münzen, die Seiten müssen leicht unterscheidbar sein. Um Streit vorzubeugen, empfehle ich einen nicht zu feuchten Filzstift.

Bei einem größeren Publikum können Sie statt Münzen z.B. Bierdeckel, Karten, kleine Schokotafeln nehmen, Spielfläche aus Fliesenfolie gefertigt.

Vorführung

Die Zauberin lässt vom Publikum frei zwei Mitspieler wählen: Finn und Norge. Sie zeigt einen Spielplan mit 7 Zeilen und 7 Spalten aus Quadraten vor, in dem diagonal eine „Treppe" markiert ist. Dazu stellt sie einen Teller mit Münzen. Sie erklärt dem Finn: „Unter der Treppe sind 21 Felder. Bitte lege in jedes eine Münze, manche mit der Zahl nach oben, andere mit der Zahl nach unten, es soll kein klares Muster entstehen." Anschließend soll Norge entsprechend mit den 15 Feldern oberhalb der Treppe verfahren. Dann platziert die Zauberin die restlichen Münzen auf den Feldern der Treppe, betrachtet gemeinsam mit den beiden für etwa zwanzig Sekunden die Spielfläche und geht mit Norge ein Stück beiseite.

„Jetzt macht Finn bitte folgendes: Er sucht sich, ohne dass wir beide das sehen, ganz beliebig eine Münze aus, malt mit einem Filzstift ein Kreuz auf ihre nach oben zeigende Seite und legt die Münze mit dem Kreuz nach unten in ihr Feld zurück. Nun gehen wir zum Spielfeld und versuchen, die herumgedrehte Münze heraus zu finden. Norge, wenn Du es weißt, dann sage jetzt zunächst, ob der Platz der gedrehten Münze unter, auf oder über der Treppe ist – schon das ist schwierig." Norge ist ratlos. „Ich zaubere mal etwas." Die Zauberin flüstert ihm etwas ins Ohr und fragt noch einmal – Norge gibt eine Antwort [entweder *unter*, *auf* oder *über*]. Gespannt fragt die Zauberin Finn, ob das richtig ist – es ist richtig.

„Nachdem wir das wissen", sagt die Zauberin und hält eine Hand über das Spielfeld, „kann es nicht mehr jede von 49, sondern nur noch eine von … Münzen … [21 Münzen *unter*, 13 Münzen *auf*, 15 Münzen *über*] der Treppe sein. Das bekommt man als Zauberin auch noch heraus. Es ist diese Münze hier, richtig?"

Die Zauberin hat Recht, sie bedankt sich bei Finn und Norge.

Geheimnis und Erklärung

Wir nennen eine Zeile bzw. Spalte „fit", wenn in ihr die Anzahl der Münzen, die mit Wappen nach oben liegen, eine gerade Zahl ist.

Nachdem Finn und Norge die Felder außerhalb der Treppe irgendwie belegt haben, belegt die Zauberin schrittweise (!) die Felder der Treppe von oben links nach unten rechts folgendermaßen:

In das Feld links oben legt sie eine Münze so, dass die erste Spalte fit wird.

Das nächste Feld belegt sie so, dass die erste Zeile fit wird.

Das nächste Feld belegt sie so, dass die zweite Spalte fit wird.

Das nächste Feld belegt sie so, dass die zweite Zeile fit wird.

(Und so weiter macht sie abwechselnd die nächste Spalte | Zeile fit.)

Das vorletzte Feld belegt sie so, dass die vorletzte Zeile fit wird.

Das letzte Feld (rechts unten) belegt sie so, dass die letzte Spalte fit wird.

Für die letzte Zeile verbleibt der Zauberin keine Steuerungsmöglichkeit mehr. Aber die letzte Zeile wird durch das Belegen des letzten Feldes stets von selbst mit fit!

Beweis: Da zu diesem Zeitpunkt alle Spalten des Spielplans fit sind, ist die Anzahl *aller Münzen* des Spielplans, die mit Wappen nach oben liegen, als eine Summe S_1 von zu jeder Spalte geraden Zahlen gerade. Da zu diesem Zeitpunkt alle Zeilen *über* der letzten des Spielplans fit sind, ist die Anzahl aller Münzen in diesen, die mit Wappen nach oben liegen, als eine Summe S_2 zu jeder solchen Zeile geraden Zahlen gerade. (S_1-S_2) als Anzahl der Münzen, die *in* der letzten Zeile mit Wappen nach oben liegen, ist Differenz zweier gerader Zahlen also gerade, also ist die letzte Zeile fit. **Der Beweis und somit der Trick geht so wie für 7×7 für jedes n×n.**

Nach Belegen der Treppe durch die Zauberin sind also alle Zeilen und Spalten des Spielfeldes fit. Wenn nun Finn die Münze im Kreuzungsfeld der i-ten Zeile und der j-ten Spalte dreht, werden genau die i-te Zeile und die j-te Spalte unfit. Indem die Zauberin die Fitheit aller Zeilen und aller Spalten prüft, findet sie sofort den Platz, auf dem Finn die Münze gedreht hat.

Dass sie bei der Vorführung nun erst diskutiert, ob der zu bestimmende Platz unter, auf oder über der Treppe liegt, dient nur zur Verschleierung des Geheimnisses.

Beispiel: Links sehen wir das Spielfeld, nachdem es Finn und Norge außerhalb der Treppe mit Münzen belegt haben, Z steht für oben Zahl, W für oben Wappen. Mitte: Nach Belegen der Treppe durch die Zauberin. Rechts: Nach Drehen des (Z).

		Z	Z	Z	W	Z
W			W	Z	Z	W
Z	W			Z	Z	W
W	W	W			Z	Z
W	Z	Z	Z			W
Z	Z	W	Z	W		
W	W	W	Z	Z	Z	

Z	W	Z	Z	Z	W	Z
W	Z	W	W	Z	Z	W
Z	W	Z	Z	Z	Z	W
W	W	W	W	Z	Z	Z
W	Z	(Z)	Z	W	W	W
Z	Z	W	Z	W	Z	Z
W	W	W	Z	Z	Z	W

Z	W	Z	Z	Z	W	Z	
W	Z	W	W	Z	Z	W	
Z	W	Z	Z	Z	Z	W	
W	W	W	W	Z	Z	Z	
W	Z	(W)	Z	W	W	W	UN-FIT
Z	Z	W	Z	W	Z	Z	
W	W	W	Z	Z	Z	W	

(Mitte, Spalte: UN-FIT)

57 ✳ Als Single nachts im Hotel

Benötigt werden vier Whiskygläser oder Becher ähnlicher Größe, eine handteller-große Schale und zwei bis drei Dutzend Chips in der Größe einer 20-Cent-Münze (ersatzweise auch bunte Halmakegel oder Zählhölzer). Ich empfehle noch als Unterlage einen DIN A4 großen „Lageplan" zur Ausschmückung und Gliederung.

Vorführung

Auf dem Tisch befinden sich (lesbar von den Gästen aus) ein Lageplan und *neben* diesem eine Schale und vier Gläser (drei leer, eines mit Chips gefüllt). Der Zauberer kündigt an, eine Geschichte zu erzählen, alle mögen so aufpassen, dass sie die wiederholen können.

Der Zauberer erzählt: „Im wunderschönen und aufregenden Urlaubsort Zaubers-hausen befinden sich zwei Hotels 🛏 'Polar' und 'Vulkan' mit Bar 🍸 gleichen Namens, die beide sehr beliebt sind." Er zeigt bedächtig ein Glas leer vor und stellt es auf das Polar-Haus, analog eines auf die Polar-Bar und eines auf das Vulkan-Haus. Er leert das letzte Glas in die Schale, zeigt es leer vor und stellt es auf die Vulkan-Bar. „Achtung, nun beginnt unsere Geschichte."

Der Bericht des Zauberers

In Zaubershausen kommt abends ein Bus an und Paar für Paar verteilen sich die Touristen in die beiden Bars 'Polar' und 'Vulkan'. Abenteuerlich geht von jedem Paar immer eine Person in 'Polar' und die andere in 'Vulkan'! [Der Zauberer entnimmt der Schale Paar für Paar Chips und verteilt sie entsprechend in die Gläser, jedoch bleibt am Schluss ein Chip übrig. Der Zauberer betrachtet ihn nachdenklich.] Hier bleibt ein Single übrig, wo soll der hingehen? [Nach Meinungsäußerungen aus dem Publikum:] Gut, er geht in die Polar-Bar.

Er könnte auch in die Vulkan-Bar geschickt werden, dann müsste der weitere Ablauf passend geändert werden.

Also, wir haben einen Single in der Polar-Bar ! In der Polar-Bar !

In beiden Bars kommt eine tolle Stimmung auf, es wird getanzt, getrunken, geflirtet, gegessen bis zum Morgen. Dann begeben sich die Touristen jeweils aus der Bar in das entsprechende Hotel. [Der Zauberer schüttet sorgfältig den Inhalt der Polar-Bar in das Polar-Haus und den der Vulkan-Bar in das Vulkan-Haus.]

Am Abend wollen natürlich wieder alle in eine der schönen Bars. Aus den Touristen im Polar-Haus werden Paare ausgelost, von denen jeweils Person 1 in die vertraute Polar-Bar geht, Person 2 neugierig in die Vulkan-Bar. [Der Zauberer schüttet den Inhalt des Polar-Hauses in die Schale und verteilt von dort aus die Chips wie gehabt in die Bars.] Ganz entsprechend wird mit denen aus dem Vulkan-Haus verfahren, jetzt leert sich das Vulkan-Haus: [Der Zauberer schüttet den Inhalt des Vulkan-Hauses in die Schale und verteilt von dort aus die Chips wie gehabt in die Bars. Am Ende bleibt ein Chip übrig!] Na was ist denn hier los? War da ein Zauberer am Werk? *Vor der Nacht hatten wir im Polar-Haus einen Single* – jetzt *haben wir einen Single im Vulkan-Haus !* So geht es zu in Zaubershausen.

Fall 1: Viele Zuschauer sind einigermaßen verblüfft. Besonders beeindruckt ist Benno.
Fall 2: Viele Zuschauer äußern ihr Missfallen über den faulen Zauber. Am meisten Benno.

Wie die Vorführung in jedem Falle weitergeht

Der Zauberer stellt die Ausgangssituation der Vorführung wieder her (drei leere Gläser und ein volles mit den Chips stehen *neben* dem Lageplan). Dann bittet er Benno, den Bericht des Zauberers zu wiederholen und nachzuspielen.
So geschieht es (notfalls souffliert der Zauberer etwas, damit kein wichtiges Detail verloren geht). Aber bei Benno wechselt <u>kein</u> Single von 'Polar' zu 'Vulkan' ...

Geheimnis (Der Zauberer zählt beim Verteilen der Chips <u>nicht</u> laut mit!)

Der Zauberer achtet darauf, dass die Anzahl seiner Chips ein Vielfaches von 4 plus dann noch 3 ist, beispielsweise 19=16+3, 23=20+3 , 27=24+3. Beim Vorbereiten der „Wiederholung" durch Benno verändert er diese Chipanzahl unauffällig um 2.

Erklärung

Der Zauberer arbeitet mit $n = 4 \cdot k + 3$ Chips bei natürlichem Faktor k. Vor der Entscheidung über den Single hat er $4 \cdot k + 2$ Chips verteilt, also $2 \cdot k + 1$ Chips in jede Bar – eine ungerade Anzahl. Nach Zuordnung des Single zu 'Polar' sind dort eine gerade Anzahl, in 'Vulkan' immer noch eine ungerade Anzahl – also erst beim Leeren des Vulkan-Hauses fällt ein Single auf. Die Verwunderung der Gäste beruht letztlich auf dem Irrtum, dass nach dem <u>paar</u>weisen Verteilen von Touristen (immer einen in jede Bar) in jeder Bar eine <u>gerade</u> Anzahl von Touristen sein müsse.

Dagegen kommen bei Benno in jede Bar zunächst $2 \cdot k$ Chips (tatsächlich eine gerade Anzahl), nach Zuordnung des Single zu 'Polar' sind dort eine ungerade Anzahl und deshalb wird beim Leeren des Polar-Hauses noch *dort* ein Single festgestellt.

58 ❀ Schneewittchen würfelt gegen die Zwerge

Wir brauchen ein Set von vier ungewöhnlich beschrifteten Spielwürfeln, siehe aufgeklappt in der Abbildung. In Bastelläden und im Versand gibt es unbeschriftete Spielwürfel, die man selbst bemalen kann (dazu ist eine Schablone aus einem Plasteblättchen mit entsprechenden Löchern hilfreich, ▦). Man kann auch herkömmliche Spielwürfel übermalen oder mit passend bemalten Foliequadraten bekleben.

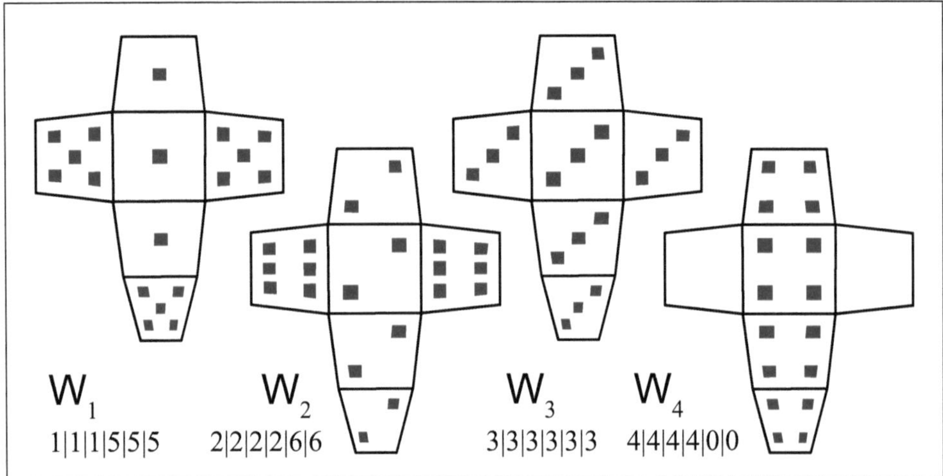

Nur für uns (die Zuschauer erfahren das nicht) konzentrieren wir uns auf die Zahlen 1, 2, 3, 4 und nummerieren jeden Würfel mit der Zahl, die auf ihm vorkommt. Diese ist, wenn man auf die drei Seiten an einer Würfelecke blickt, stets zu sehen.

Vorführung

Der Zauberer erzählt, dass Schneewittchen jeden Abend ein Würfelspiel dreimal gegen jeden der sieben Zwerge spielt: Der Zwerg darf sich aus Schneewittchens vier besonderen „Durstwürfeln" einen *beliebigen* aussuchen; Schneewittchen kann ihren *nur aus den übrig gebliebenen* wählen; es gewinnt wer im Wurf die größere Augenzahl schafft. („Unentschieden" ist bei diesen Würfeln unmöglich). Wenn Schneewittchen bei den insgesamt 7·3=21 Spielen mindestens 11 Siege erreicht, darf *sie* bestimmen, welchen Wein heute alle trinken. Das gelingt ihr an fast jedem Abend!

Der Zauberer zeigt das mit sieben Gästen. (Zu wenig Gäste: manche vertreten mehrere Zwerge.)

Geheimnis   Für jeden der Würfel gibt es einen „besseren", aber kein Würfel ist besser als alle anderen.

Schneewittchen nimmt jeweils den Würfel mit der genau um 1 größeren Nummer als der beim Zwerg, im Falle der Wahl W_4 vom Zwerg nimmt Schneewittchen W_1.

Erklärung

Wir betrachten zunächst den Fall, wo der Zwerg W_1 wählt. Dann spielt Schneewittchen mit W_2 gegen ihn, für beide Würfel gibt es je sechs Seiten mit gleicher Chance, insgesamt $6 \cdot 6 = 36$ Situationen mit gleicher Chance. In genau 24 Situationen ❋ hat W_2 die höhere Augenzahl, siegt somit Schneewittchen. Sie gewinnt also mit Wahrscheinlichkeit $\frac{24}{36}=\frac{2}{3}$. Analog erhält man, dass Schneewittchen mit W_3 bzw. W_4 jedoch nur mit Wahrscheinlichkeit ½ bzw. ⅓ gewinnen würde.

		W_2					
		2	2	2	2	6	6
W_1	1	❋	❋	❋	❋	❋	❋
	1	❋	❋	❋	❋	❋	❋
	1	❋	❋	❋	❋	❋	❋
	5					❋	❋
	5					❋	❋
	5					❋	❋

Die entsprechende Analyse der Fälle, wo der Zwerg W_2, W_3 bzw. W_4 wählt, zeigt:

		W_3					
		3	3	3	3	3	3
W_2	2	❋	❋	❋	❋	❋	❋
	2	❋	❋	❋	❋	❋	❋
	2	❋	❋	❋	❋	❋	❋
	2	❋	❋	❋	❋	❋	❋
	6						
	6						

		W_4					
		4	4	4	4	0	0
W_3	3	❋	❋	❋	❋		
	3	❋	❋	❋	❋		
	3	❋	❋	❋	❋		
	3	❋	❋	❋	❋		
	3	❋	❋	❋	❋		
	3	❋	❋	❋	❋		

		W_1					
		1	1	1	5	5	5
W_4	4				❋	❋	❋
	4				❋	❋	❋
	4				❋	❋	❋
	4				❋	❋	❋
	0	❋	❋	❋	❋	❋	❋
	0	❋	❋	❋	❋	❋	❋

Mit dem unter „Geheimnis" angegebenen Rezept gewinnt Schneewittchen *jedes* Spiel mit Wahrscheinlichkeit ⅔ und Abweichen vom Rezept wäre unklug. An einem *durchschnittlichen* Abend wird sie also 14 der 21 Spiele gewinnen und 7 verlieren. An jedem konkreten Abend gewinnt sie mit hoher Wahrscheinlichkeit *mindestens* 11 von den 21 Spielen, präzise berechnet (Hintergrundwissen ↓) mit Wahrscheinlichkeit 94,43 %.

Hintergrund

In vielen Ländern wird im Jahr vor dem Abitur das nach einem Schweizer benannte „Bernoullischema" behandelt: Ein Versuch wird unabhängig voneinander einige Male wiederholt (bei uns 21 mal), jedes Mal tritt mit Wahrscheinlichkeit p (bei uns ⅔) ein „Treffer" ein. Es interessiert die Wahrscheinlichkeit, mit der bei den Versuchen genau k mal ein Treffer eintritt (für die k zwischen 0 und allen).

Wir bleiben im Schneewittchen-Beispiel, das Übertragen auf andere Beispiele erfordert keine neuen Grundideen. Meistens interessiert sowohl das, was „im Durchschnitt" passiert, aber auch die Größe der auftretenden Schwankungen um diesen durchschnittlich zu erwartenden Verlauf.

Wahrscheinlichkeit, dass Schneewittchen bei 21 Spielen genau k=11 gewinnt:

Für jede *festgelegte* Auswahl i_1, i_2, i_3, i_4, i_5, i_6, i_7, i_8, i_9, i_{10}, i_{11} von 11 Spielen ist die Wahrscheinlichkeit, dass Schneewittchen (mit Optimalstrategie!) genau die Spiele i_1, ..., i_{11} gewinnt und die anderen zehn verliert, für diese 11 Spiele je $\frac{2}{3}$ und die 10 anderen je $\frac{1}{3}$, also insgesamt $(\frac{2}{3})^{11} \cdot (\frac{1}{3})^{10} = 0{,}00000019579$. Da die Spiele unabhängig voneinander sind, sind die Wahrscheinlichkeiten $\frac{2}{3}$ für jedes zu gewinnende und $\frac{1}{3}$ für jedes zu verlierende miteinander zu multiplizieren – so einfach gilt das nur für gemeinsames Eintreten *unabhängiger* Ereignisse.

Diese geringe Wahrscheinlichkeit ist nun mit der Anzahl der Möglichkeiten zu multiplizieren, eine solche Auswahl 11 aus 21 ohne Berücksichtigung der Festlegungsreihenfolge festzulegen. Für diese „Anzahl der 'Kombinationen' von k aus n verschiedenen Elementen ohne Berücksichtigung der Reihenfolge" gibt es in der Kombinatorik eine Formel, die 'Binomialkoeffizienten' benutzt und nicht sofort zu durchschauen ist. Deshalb werden wir das in zwei unmittelbar verstehbaren Schritten 'Variieren' und 'Permutieren' aufbauen, ohne all diese Fachbegriffe zu benutzen:

Wir überlegen uns *zunächst*, wie viele Möglichkeiten es für die Festlegung unserer i_1, ..., i_{11} *bei* Berücksichtigung der Festlegungsreihenfolge gibt. Für i_1 gibt es 21 Möglichkeiten, nach dieser Festlegung gibt es dann für i_2 noch 20 Möglichkeiten, für i_3 noch 19 Möglichkeiten, ..., für i_{11} noch 11 Möglichkeiten. Also gibt es insgesamt bei Beachtung der Festlegungsreihenfolge $21 \cdot 20 \cdot 19 \cdot 18 \cdot 17 \cdot 16 \cdot 15 \cdot 14 \cdot 13 \cdot 12 \cdot 11$ Möglichkeiten bei der Festlegung unserer Auswahl i_1, ..., i_{11} .
Dabei werden aber übereinstimmende Auswahlen, die sich nur durch die Festlegungsreihenfolge unterscheiden, mehrfach erfasst. Wir müssen noch durch die Anzahl der Festlegungen dividieren, die zur gleichen Auswahl führen. Für 11 unterscheidbare Dinge gibt es $11 \cdot 10 \cdot 9 \cdot 8 \cdot 7 \cdot 6 \cdot 5 \cdot 4 \cdot 3 \cdot 2 \cdot 1$ Reihenfolgen, denn für den ersten Platz haben wir die Wahl unter 11 Dingen, für den zweiten die unter den restlichen 10 Dingen, ..., für den elften Platz kommt nur noch 1 Ding in Frage.

Also gibt es $\dfrac{21 \cdot 20 \cdot 19 \cdot 18 \cdot 17 \cdot 16 \cdot 15 \cdot 14 \cdot 13 \cdot 12 \cdot 11}{11 \cdot 10 \cdot 9 \cdot 8 \cdot 7 \cdot 6 \cdot 5 \cdot 4 \cdot 3 \cdot 2 \cdot 1} = 352716$ Möglichkeiten für die Auswahl von 11 Spielen aus 21 Spielen ohne Berücksichtigung der Festlegungsreihenfolge.

Die Wahrscheinlichkeit p_{11}, dass Schneewittchen *genau* 11 Spiele von den 21 Spielen gewinnt, ist somit $0{,}00000019579 \cdot 352716 = 0{,}06906$, das sind 6,906 %.

Die Wahrscheinlichkeit, dass Schneewittchen mit ihrer Spielweise bei 21 Spielen mindestens 11 Spiele gewinnt:

Mit derselben Methode, die soeben für *genau* 11 Siege benutzt wurde, erhält man auch Wahrscheinlichkeiten p_{12} für *genau* 12 Siege, ... , p_{21} für *genau* 21 Siege.

Die Wahrscheinlichkeit für *mindestens* 11 Siege ist (da pro Abend nur *eine* Sieganzahl eintritt) $p_{11}+p_{12}+p_{13}+p_{14}+p_{15}+p_{16}+p_{17}+p_{18}+p_{19}+p_{20}+p_{21}= 0{,}9443$, 94,43 % .
(Nur von Ereignissen, die nicht zugleich eintreten können, darf man Wahrscheinlichkeiten addieren, wenn man die Gesamtwahrscheinlichkeit für das Eintreten von *mindestens* einem dieser Ereignisse bestimmen will.)

Die Siegeszuversicht hängt von der Gesamtzahl der Spiele ab, mindestens 8 von 14 werden mit 85,05 %, mindestens 15 von 28 Spielen mit 94,97 % gewonnen.

59 ✳ Drei Bierfreunde

Dieser uralte Trick gelingt sehr wahrscheinlich, aber nicht garantiert. Gefährlich für sein Gelingen ist nicht ein seltener kombinatorischer Zufall, sondern ein selten aufmerksamer Zuschauer. Unten finden Sie einen Tipp für den Unglücksfall.

Vorführung

Die Zauberin sucht aus einem Skatspiel einen König und drei Buben heraus, zeigt diese Karten kurz sichtbar hoch und behält sie in der Hand. Die übrigen Karten legt sie rückenoben als Stapel vor sich. Dann erzählt sie folgende Geschichte:

Es waren einmal drei pfiffige Burschen, die hatten wenig Geld aber erheblichen Durst. Im sehr gut besuchten Biergarten des Wirtes Cäsar König [die Zauberin macht eine kurze Pause, hält noch einmal die Königskarte gut sichtbar hoch und legt die dann bildoben neben den Stapel] trinken die drei Burschen eine Runde. Und noch eine. Und noch eine. Und … ich habe nicht mitgezählt. Dann starten die drei ihren verwerflichen Plan. Liebe Kinder, bitte nicht nachmachen!
Der erste Bursche verbirgt sich irgendwo *mitten* in der Menschenmenge [die Zauberin steckt eine Bubenkarte mitten in den Kartenstapel, eventuell lässt sie das einen Zuschauer machen]. Der zweite Bursche schleicht sich weg in Richtung hintere Tische [die Zauberin legt einen Buben *unter* den Kartenstapel]. Der dritte läuft los in Richtung Vordereingang [die Zauberin legt einen Buben *oben auf* den Kartenstapel]. Da …!… schnappt sich Cäsar König die große Wurstgabel, schneidet ihm den Weg ab und saust ihm durch den Garten hinterher [die Zauberin haut die Königskarte bildunten oben auf den Stapel]. Es folgt eine wilde, wilde Jagd, und wie endet diese schließlich? [Die Zauberin hebt den Stapel einmal ab, haut mit der Faust darauf und blickt in die Runde.] Schauen wir uns den Stapel genau an [sie legt ihn in eine Reihe bildoben aus]: Ha, hier sehen wir den Wirt und die drei Burschen unmittelbar nebeneinander, Cäsar König hat die drei Zechpreller eingefangen.

Geheimnis

Die Zauberin hat zu Beginn auch den vierten Buben mit gesichtet und dafür gesorgt, dass dieser beim Ablegen des Stapels dessen unterste Karte wird. Dieser Bube „vertritt" nach dem Abheben den, der *mitten* in den Stapel gesteckt wurde.
Die Zauberin spricht von „Burschen", sie spricht während der Vorführung nie die Kartenfarben der Buben aus!

Sie werden überrascht sein, wie selten ein Zuschauer das durchschaut. Man kann dann scherzhaft sagen, dass wohl er der Bursche gewesen sei, der sich mitten in der Menge versteckte. Für solche Fälle (auch bei anderen Tricks) habe ich einen „Orden" gebastelt und überreiche ihn, als wäre das so geplant gewesen.

Varianten

Ohne zornigen Verfolger: Es gibt viele andere Einkleidungen, statt eines Thrillers mit Gastwirt und Wurstgabel oft auch als rührselige Geschichte folgender Art. Die Zauberin hat aus einem Skatspiel drei Damen herausgesucht, zeigt diese Karten aufgefächert kurz sichtbar hoch und behält sie in der Hand. Die übrigen Karten legt sie rückenoben als Stapel vor sich. Dann erzählt sie:
Zu Beginn des vorigen Jahrhunderts starteten von drei unternehmungslustigen Schwestern eine nach der anderen in die USA. Die erste 1912 mit der Jungfernfahrt der „Titanic" - die ging unerkannt verloren [die Zauberin steckt eine Damenkarte mitten in den Kartenstapel]. Die zweite gehörte 1919 zu den zwanzig Passagieren des Eröffnungs-Zeppelinfluges nach New York [Zauberin legt eine Dame *unter* den Kartenstapel]. Die dritte nahm 1924 verkleidet als Mann am riskanten ersten Flugzeugversuch von Europa nach Amerika teil [Zauberin legt eine Dame *oben auf* den Kartenstapel]. Die Schwestern durchstreiften suchend das große Land, kehrten das Unterste zuoberst [die Zauberin hebt den Kartenstapel ab], hielten die Augen offen und etwas Unglaubliches geschah im Saloon eines kleinen Prärieortes. Schauen wir uns den Stapel genau an [sie legt ihn in eine Reihe bildoben aus]: Hier trafen die drei beim Whisky an der Bar unerwartet zusammen.

Zwei Blutsbrüder auf Wanderschaft (nach dem Begleitmaterial eines alten Zauberkartensatzes)
Die Zauberin sucht aus einem Spiel mit französischem Bild die beiden Karten „Herz Acht" und „Karo Neun" heraus, zeigt diese nur kurz vor und erzählt:
Von klein auf waren zwei Jungen aus Arnis, der kleinsten Stadt Deutschlands, ein Herz und eine Seele. Schon als einer 8 und der andere 9 Jahre alt war, stachen sie sich mit einer Nadel in den Daumen und vermischten die beiden Blutstropfen – sie wollten immer zusammenhalten wie Winnetou und Old Shatterhand.
Im Abstand von einem Jahr erlernten sie ein ehrbares Handwerk und gingen von Schleswig-Holstein aus getrennt die traditionellen drei Jahre und einen Tag auf Wanderschaft, der eine im Norden beginnend [die Zauberin steckt eine der beiden Karten in den oberen Teil des Stapels], der andere im Süden beginnend [andere Karte in den unteren Teil], aber dann letztlich ohne festen Plan [die Zauberin hebt den Kartenstapel ab]. Und so trug es sich zu, dass die beiden Gesellen auch in den Spessart kamen. Da muss die Blutsbrüderschaft eine magische Anziehung bewirkt haben. An der Stelle, wo früher das berüchtigte Wirtshaus mit den Räubern stand, liefen sie sich in die Arme und setzten die Walz dann gemeinsam fort.
[Die Zauberin zieht den Stapel bildoben in eine Reihe und zeigt, wie sich die Acht und die Neun nebeneinander im Mittelteil des Stapels getroffen haben.]

Das Geheimnis bei dieser hübschen Verwandten der Bierfreundegeschichte finden Sie bestimmt selbst heraus. Die Zauberin zeigt am Ende „Karo Acht" und „Herz Neun" vor, beide hat sie vor Beginn der Vorführung als unterste im Stapel platziert.

60 ❀ Wie Trick 59 sicher gelingt

Ich beschreibe den Trick so, wie Sie ihn nach einem peinlichen Aufdecken des Tricks 59 sofort zur gesteigerten Veralberung des Publikums vorführen können. Natürlich können Sie ihn auch in anderen Fällen in Ihr Programm einbauen.

Vorführung

Die Zauberin sucht sich einen kritischen Jimmy (eventuell jemanden, der einen ihrer Tricks angezweifelt hat) für die Rolle eines Wächters. „Wir werden jetzt einen Kriminalfall unter erhöhten Sicherheitsmaßnahmen verfolgen. Dazu setze ich eine Person geheim gehaltener Identität, symbolisiert durch eine verdeckt bleibende Spielkarte, in dem vom gestrengen Jimmy geleiteten Gefängnis fest."

*Fügen Sie nun wörtlich das ein, was in Trick 59 unter „**Vorführung**" steht:*
Es waren einmal drei pfiffige Burschen ... König hat die 3 Zechpreller eingefangen.

Und die Zauberin ergänzt noch: „Vielleicht denkt jemand, dass da *noch ein* Bube mit beteiligt war? Nein. Der vierte Bube war die ganze Zeit bei Jimmy eingesperrt." Sie lässt diesen vorzeigen, die Zuschauer können alle Spielkarten prüfen.

Geheimnis

Dass die Zauberin einen Buben bei Jimmy verwahren ließ, haben alle gesehen. Aber sie hat beim Vorzeigen der drei Bierfreunde hinter denen noch verdeckt eine beliebige andere Karte gehalten, einen *Stuntman*, es waren aufgefächert nur die drei Buben zu sehen (das ist beim Auffächern leicht zu schaffen). Den Stuntman steckt sie mitten in den Stapel, dann zwei Buben als eine Karte gedoppelt unter den Stapel, dann den dritten Buben deutlich als Einzelkarte oben auf den Stapel.

Varianten

Ganz entsprechend können Sie aus Trick 59 auch die dortige Variante mit den drei unternehmungslustigen Schwestern mit einer Stuntwoman vorführen.
Aber da ist es unpassend, die vierte Dame bei Jimmy einzusperren. Sorgen Sie dafür, dass die stattdessen vor Ausführung des Tricks als unterste Karte im Stapel liegt. Dann treffen sich beim Whisky in der Provinzbar vier Damen. Die ersten drei Schwestern wussten vorher gar nicht, dass es noch eine gibt, was für eine Freude.

Perfektes Hantieren mit eigentlich zwei Karten als sichtbar einer („Dublieren") erfordert mehr Fingerfertigkeit, als ich im vorliegenden Buch voraussetze. Aber im vorliegenden Spezialfall haben wir nach Wegstecken der Stuntkarte übereinander nur noch drei Karten, z.B. in der linken Hand mit Daumen unten. Wenn man mit diesem die unterste Karte etwas zurückzieht, kann man es schaffen, mit der rechten Hand die anderen beiden Karten gemeinsam zu fassen und beim Wegnehmen gleichzeitig als eine Karte zu formieren. Schnell unter den Stapel mit denen – parken Sie die Dame aus der linken Hand vorübergehend auf den Tisch, um den Stapel mit dieser Hand einen Zentimeter hoch zu heben. Da erkennt dann auch jeder in Ruhe die geparkte Karte als einzelne Karte.

Warum heißt das gerade jetzt vor Ihrer Nase liegende Buch „Happy End 2 für Zauberlehrlinge" und warum sind die Tricks ab Nr. 31 nummeriert?

Für alle Zauberleute im Alter zwischen 9 und 99 Jahren erschien 2021 vom gleichen Autor und in gleicher Aufmachung mit 30 anderen Tricks ab Nr.1 das Buch „Happy End für Zauberlehrlinge".
Verlag BoD Norderstedt, ISBN 978-3-7534-4345-4

In beiden Büchern ist das Ziel, dass mit den Tricks auch Lehrlinge zu einem guten Ende kommen, weil nach etwas Üben die „Wunder" von selbst eintreten.

Beispiel: Trick Nr. 22 aus „Happy End für Zauberlehrlinge"

22 ❀ Billy puzzelt 65 = 64

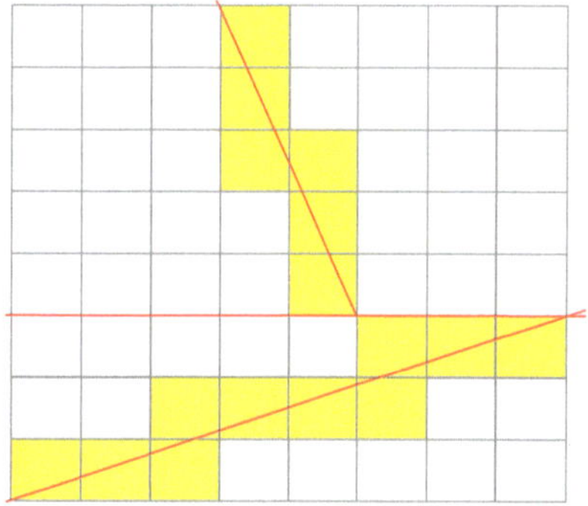

Zeichnen Sie auf dicken Zeichenkarton mit dünnen blassen Linien ein Quadratgitter 8×8 . Malen Sie das mit Farben ihrer Wahl zu einem Mosaik Ihrer Wahl aus - aber beachten Sie, dass dabei alle sechzehn in der Vorlage gelb gefärbten Felder ein und dieselbe Farbe bekommen. Schneiden Sie das 8×8-Gebilde exakt an seinen Außenlinien aus und zerlegen Sie es durch drei weitere Schnitte (rote Linien).

Vorführung

Nachdem sich Billy erfolgreich auf die vom Zauberer ausgeschriebene Stelle eines Zauber-Puzzlers (m/w/d) beworben hat, erhält Billy vom Zauberer vier zu einem Rechteck angeordnete Puzzleteile und drei Aufträge:

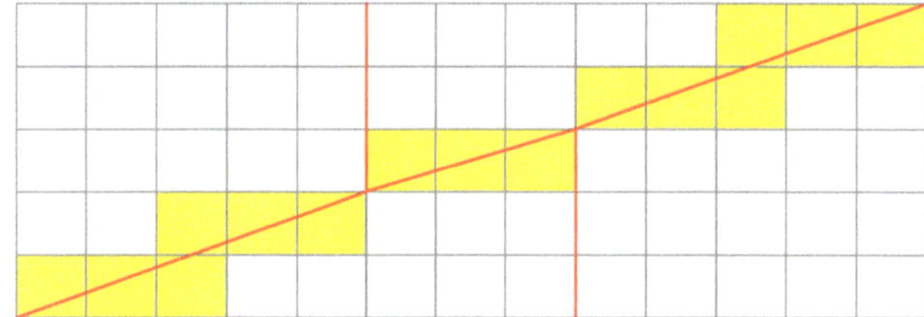

Erstens soll sich Billy die Anzahl der Kästchen - „Zeilen" des Rechtecks merken. Zweitens die Anzahl der „Spalten". Drittens soll aus den vier Stücken ein Quadrat gepuzzelt werden.

Billy schafft das Quadrat. Doch nun fragt der Zauberer, wie viele Kästchen das Rechteck gehabt habe. „5·13 = 65." Wie viele Kästchen hat das Quadrat? „64"…!